Geschenke

aus dem Garten

selbst gemacht

CLAUDIA KÖLTRINGER

Geschenke
aus dem Garten
selbst gemacht

Was Sie in diesem Buch finden

Leckere Geschenke
aus dem Garten

Verschenken Sie Glück – denn teilen macht Freude!

Es sind die kleinen, manchmal unerwarteten Geschenke, die oft die größte Freude machen. Mit diesem Buch fällt es Ihnen leicht, ein Lächeln zu verschenken.

Zu einer meiner liebsten Kindheitserinnerungen gehören die alten Duftrosenstauden, die den großen Bauerngarten meiner Großmutter zierten. Sie war nicht nur eine kundige Kräutergärtnerin, sie hatte auch eine glückliche Hand für duftende Blumen. Schon in meiner frühesten Jugend steckte sie mich mit ihrer Begeisterung an. An unserem alten Küchentisch lernte ich nicht nur das kleine Kräuter-Einmaleins, sondern auch, wie man aus Kräutern und Blüten duftende Lavendelsäckchen, Rosenkissen oder ihre einzigartige Kräuterseife herstellt.

Die Begeisterung für Kräuter und Blumen und deren Düfte ist bis heute ein sehr wichtiger Teil meines Lebens. Bei mir gehören Kräuter nicht nur als Gewürz oder Tee in die Küche. Man findet sie als Dekoration überall in unserem Haus – ein frischer, duftender Strauß auf dem Esstisch oder getrocknete Blüten im Schlafkissen – und auch im Badezimmer, wo Cremes oder Badezusätze aus Naturmaterialien pflegen und der Seele guttun. Und was man teilt, macht doppelte Freude, sodass ich auch Freunde und Familie regelmäßig mit selbst gemachten Geschenken aus dem Duft- und Kräutergarten überrasche.

Mit kleinen, selbst gemachten Geschenken haben Sie alle Sympathien auf Ihrer Seite

Im Prinzip ist es egal, ob man handgeschöpfte Schokolade mit frischen Lavendelblüten, leckere Marmeladen mit Duftkräutern oder handgefertigte Pralinen zaubert. Eines ist sicher: selbst gemacht schmeckt einfach besser und unverfälscht gut. Wer sich die Mühe macht, das Mitbringsel zur nächsten Gartenparty oder das Gastgeschenk für die neuen Nachbarn selbst anzurühren oder zusammenzustellen und hübsch zu verpacken, wird besondere Freude schenken und immer wieder gerne eingeladen werden. Mit einer pflegenden Handcreme für die beste Freundin oder einer duftenden Seife für die Schwiegereltern haben Sie alle Sympathien auf Ihrer Seite.

Auf die richtige Verpackung kommt es an

In meinem neuen Buch habe ich eine große Auswahl an leckeren und duftenden Rezepten für Sie zusammengestellt, die den Beschenkten oder auch Ihnen selbst große Freude bereiten werden. Genauso wichtig wie der Inhalt ist eine schöne, ansprechende Verpackung. Oft sind es nur Kleinigkeiten, die Ihre selbst gemachte Köstlichkeit zu einem exklusiven und originellen Geschenk werden lassen. Auch hier habe ich viele Tipps für Sie bereit.

Ich wünsche Ihnen viel Spaß und Freude mit meinem neuen Buch!

Ihre Claudia Költringer

Schöne Geschenke aus dem Garten – selbst gemacht

Süßer Rosenblütenhonig verführt zum Träumen.

Beschenken ist doch beinahe noch schöner als beschenkt werden. Die Freude in den Augen anderer, wenn sie ein liebevoll verpacktes Geschenk auswickeln – was gibt es Herrlicheres?

Mit meinen Geschenkideen aus dem Garten können Sie, im wörtlichen Sinne, nachhaltige Freude verschenken. Von selbst gekochter Marmelade, einer raffinierten Gewürzmischung oder einem pflegenden Körperbalsam hat Ihr Gastgeber auch nach Beendigung des Besuches noch etwas. Der »Wert« Ihres Geschenkes liegt dabei nicht im Kaufpreis, sondern in der Sorgfalt und Mühe, die Sie in dessen Herstellung gesteckt haben. Wer sich zudem noch Gedanken über eine hübsche Verpackung macht, erntet mit einem ganz individuellen Geschenk, das man so nirgendwo kaufen kann, bewundernde Blicke.

Kräuter, Früchte und Co. richtig verarbeiten

Ein köstliches Früchterelish oder ein fein-aromatisches Kräuteröl leben nicht nur von der Komposition der einzelnen Zutaten, sondern auch von deren sachgerechten Ernte und Verarbeitung. Wer die schönsten Lavendelsträuße falsch lagert oder die saftigen Birnen nicht richtig verarbeitet, hat wenig Freude an der Zubereitung kleiner Geschenke für Freunde und Familie. Ich verrate

Kräuteressig kann mit verschiedenen Blüten und Kräutern verfeinert und in dekorative Flaschen gefüllt werden.

Mein Rat

Marmelade kocht nicht über, wenn man den Topfrand mit etwas Butter einreibt und eine Messerspitze Butter zu den Früchten tut. Geben Sie zudem beim Einkochen von Marmelade immer einen kleinen Schuss Zitronensaft hinzu. Die Farbe der Marmelade bleibt so besser erhalten. Außerdem hebt Zitronensaft den Geschmack des eingekochten Obstes hervor.

Ihnen einige Tricks, mit denen Ihre selbst gemachten Präsente garantiert gut gelingen.

* Legen Sie Ihre **Kräuter** direkt nach der Ernte zum Trocknen aus, nur so bewahren sie ihr köstliches Aroma und wertvolle Wirkstoffe. Man kann Kräuter zu Sträußchen gebunden an einer Leine aufhängen oder aber an einem trockenen, geruchsneutralen Ort auf Zeitungspapier ausbreiten. Der Trocknungsvorgang ist abgeschlossen, wenn die Pflanze sich zwischen den Fingern zerreiben lässt. Zur längeren Aufbewahrung eignen sich Keramikgefäße mit Deckel oder dunkle, weithalsige Apothekergläser, aber auch ausgediente Teedosen erfüllen ihren Zweck.

* Waschen Sie geerntete **Früchte** stets sorgfältig mit lauwarmem Wasser ab und lassen Sie sie auf einer saugfähigen Unterlage, z.B. Küchenpapier, gut abtropfen. Lediglich Himbeeren und Erdbeeren können bei ausgiebigem Waschen an Geschmack und Konsistenz verlieren; sie sollte man nur vorsichtig abtupfen. Beim Aufkochen von Früchten und Gelierzucker entsteht immer wieder Schaum, den Sie stets vorsichtig abschöpfen sollten - er sieht nicht

Dieser muntere Geselle verschenkt
selbst gemachte Bodylotion.

sehr dekorativ im Marmeladenglas aus. Damit Ihre eingekochten
Früchte ihre natürliche Farbe behalten, können Sie etwas Zitronensaft mit dem Gelierzucker einkochen, so erhalten Gelee und Marmelade zudem noch eine frische Note. Ist die Kochzeit beendet,
sollten Sie die süße Köstlichkeit sofort in saubere Gläser einfüllen,
verschließen und auf den Kopf stellen, bis sie ausgekühlt sind.
* Ein schmackhaftes Fischöl oder ein würziges Chiliöl leben
von qualitativ hochwertigen Zutaten. Greifen Sie beim Kauf des
benötigten Öls zu kaltgepresstem pflanzlichem Öl aus Raps oder
Sonnenblume. Es enthält einfache ungesättigte Fettsäuren und
Omega-6- und Omega-3-Fettsäuren, ist zudem geschmacksneu-
tral und eignet sich daher besonders gut zur Verfeinerung mit
aromatischen Kräutern oder Gewürzen.
* Wer einen luftigen Kuchen oder knusprige Kekse backen
möchte, die gleichmäßig gebräunt werden, sollte sein Backblech
drehen. Klingt merkwürdig, ist aber ein alter Trick: In herkömmlichen Haushaltsöfen herrschen meist Temperaturschwankungen;
an der Ofentür ist die Temperatur niedriger als hinten an der
Ofenwand. Damit die Backköstlichkeiten an der Ofenwand nicht
zu früh braun werden, drehen Sie das gesamte Blech ganz einfach
nach der halben Backzeit um.

Salben, Cremes und Co. anrühren

Eine selbst gemachte Handcreme oder eine duftende Fruchtseife
sind wunderbare Geschenke, die nicht nur Haut und Körper
pflegen, sondern auch der Seele guttun. Naturkosmetik in der
eigenen Küche anzurühren ist einfach, wenn man einige einfache
Grundregeln befolgt.
* Zur Grundausstattung empfehle ich Ihnen die Anschaffung
einer grammgenauen Waage, eines Plastikspachtels, unterschied-
lich großer Tiegel, eines Schnee- oder Rührbesens und kleiner

Mit dezenter Verpackung kommen Ihre Geschenke gut zur Geltung.

Dosen oder Gläser, um Ihre Cremes und Lotion abzufüllen. Zudem ist es hilfreich, 70%igen Alkohol im Haus zu haben; mit ihm können alle Arbeitsutensilien und Flaschen desinfiziert werden, denn hygienisches Arbeiten ist bei der Herstellung von Naturkosmetik oberstes Gebot.

* Kochen Sie Wasser vor der Verwendung ab; so töten Sie alle Keime und Ihre Kosmetik bleibt länger haltbar. Cremes und Lotionen sollten innerhalb von 4 Wochen aufgebraucht sein, Seifen halten sich wesentlich länger.

* Achten Sie beim Zusammenrühren mit der Fettphase darauf, dass Wasser und Fettphase die gleiche Temperatur haben, sonst bildet Ihre Creme oder Lotion Klumpen. Rühren Sie langsam, sodass wenig Luftbläschen entstehen. Sollte Ihre Creme oder Lotion doch zu »luftig« geworden sein, stellen Sie die Schüssel über Nacht in den Kühlschrank und rühren die Masse am nächsten Tag mit einem Glasstab glatt.

* Zur Aufbewahrung von Naturkosmetik eignet sich ein kühler, dunkler Ort wie z.B. der Kühlschrank. Fertige Cremes können auch eingefroren werden; achten Sie darauf, dass die Tiegel nicht bis zum Rand gefüllt sind, damit sie nicht platzen.

Hübsche Verpackung – leichtgemacht

Jedes selbst gemachte Geschenk sieht besonders hübsch aus, wenn Sie es individuell und liebevoll verpacken. Dafür muss man nicht immer einen Großeinkauf im Geschenkpapierladen hinter sich bringen, sondern kann sich auch mit einfachen Mitteln behelfen.

Der Garten selbst bietet viele Möglichkeiten und Ideen, das Mitbringsel zur nächsten Kaffeerunde liebevoll zu dekorieren. Geeignet sind z.B. frische oder getrocknete Blüten, Blätter oder Kräutersträußchen, aber auch kleine Äste, Früchte, Moos oder Gräser – lassen Sie Ihrer Fantasie freien Lauf.

Auch in der Natur findet sich viel Dekorationsmaterial.

Leckere Geschenke

aus dem Garten

Löwenzahn-Orangenlikör

Ein außergewöhnliches Geschmackserlebnis für außergewöhnliche
Menschen — so könnte man diesen köstlichen Likör beschreiben.
Lassen Sie sich überraschen.

Für 1 l Likör:

*40 g Löwenzahn-Blütenblätter
(nur die gelben)*

10 g Blüten- oder Waldhonig

350 g brauner Rohrzucker

2 Päckchen Vanillezucker

2 Vanilleschoten

3/4 l Wasser

600 ml Obstler oder Wodka

ZUBEREITUNG

* Die gereinigten und von den grünen Blattteilen befreiten
Blütenblätter mit dem Honig, Zucker und dem Vanillezucker gut
vermischen und ca. 1 Std. ziehen lassen.

* Die Vanilleschoten auskratzen und das Mark zusammen mit der
Honig-Zuckermischung, dem Wasser und dem Obstler oder
Wodka mischen.

* Füllen Sie die Mischung in eine Weithalsflasche und lassen Sie
sie drei Wochen durchziehen. Täglich kräftig durchschütteln.

* Nach der Reifezeit abseihen und in eine dekorative Flaschen
füllen. Hübsch sieht es aus, wenn Sie eine Orangenscheibe oder
eine ganze Vanilleschote zur Dekoration mit in die Flasche geben.

Mein Rat

*Löwenzahn-Orangenlikör schmeckt herrlich in Kombination mit Sekt oder Prosecco —
das könnte Ihr neues Lieblingsgetränk werden.*

Rosenblüten-Himbeerlikör

Die Rose steht seit jeher für Liebe, Leidenschaft und Verführung. In diesem Rosenblütenlikör wird das süße, betörende Aroma dieser wunderschönen Blume eingefangen – mit köstlich frischen Himbeeren ein wahrer Genuss für die Sinne.

Für 1 l Likör:

5 Handvoll Blütenblätter von ungespritzten Duftrosen

10 g frische Himbeeren

70 cl Schnaps (Doppelkorn, Klarer oder Wodka)

25 cl Zuckersirup

3 Stängel Zitronengras

5 cl Grenadinesirup

6 Tropfen naturreines ätherisches Rosenöl

ZUBEREITUNG

* Die Rosenblütenblätter und Himbeeren in ein weithalsiges Gefäß geben und mit dem Alkohol übergießen.

* Mindestens 4 bis 6 Wochen stehen lassen – täglich 1 × kurz durchschütteln.

* Filtern Sie den Likör nach der Reifezeit sauber durch einen Kaffeefilter ab und süßen ihn mit Zuckersirup. Zitronengras dazugeben und noch zwei Wochen stehen lassen (je länger, umso intensiver wird der Geschmack).

* Filtern Sie den Likör erneut sauber ab und geben Sie nach Wunsch Grenadinesirup zur Rotfärbung hinzu. Mit dem ätherischen Rosenöl kann er etwas beduftet werden.

Verpackung

Getrocknete oder künstliche Rosen lassen sich wunderschön um die Flasche binden, aber auch ein schlichtes Holzherz macht den Likör zu einem besonderen Geschenk.

Holunderblütenlikör

Ob Sie es glauben oder nicht, dieser Holunderblütenlikör ist nicht nur lecker, sondern auch gesund. Er enthält, kalt getrunken, viele Vitamine. Im Erkältungsfall kann man ihn auch in heißem Tee genießen. (Wegen des Alkoholgehalts bitte nur Erwachsene!)

Für 1 l Likör:

400 g Holunderblüten

300 g Zucker

1 TL Zitronensäure

50 ml Wasser

1 l Obstler, Korn oder Wodka

2 Orangen (unbehandelt)

3 Stiele Zitronenmelisse

ZUBEREITUNG

* Die Holunderblüten werden mit Zucker und Zitronensäure gut vermischt und 3 Stunden stehen gelassen.

* Geben Sie die Mischung in eine Pfanne und rösten Sie die Blüten kurz bei niedriger Temperatur. Mit Wasser aufgießen und in eine Flasche füllen.

* Alkohol, die kleingeschnittenen Orangen und die Zitronenmelisse dazugeben, die Flasche verschließen und an einem sonnigen Ort ca. 1 Woche stehen lassen.

* Den Holunderblütenlikör durch ein Tuch abseihen und in eine schöne Flasche füllen.

Verdauungsschnaps

Dieser Verdauungsschnaps ist aromatisch, lecker und dabei noch wunderbar wohltuend für den Magen. Besonders nach fettreichen Speisen fördert er die Verdauung und ist sehr hilfreich gegen Völlegefühl oder Sodbrennen.

Für 1 l Schnaps:

10 verschiedene Heilkräuterzweige (z. B. Melisse, Pfefferminze, Estragon, Basilikum, Rosmarin, Beifuß, Thymian, Oregano, Schafgarbe oder Salbei)

1 l Schnaps (z. B. Korn)

10 g Anis (oder Melisse)

ZUBEREITUNG

* Geben Sie die Kräuterzweige in ein Weithalsglas mit Schraubverschluss und füllen es mit Schnaps auf.

* Durch die Zugabe von Melisse und Anis erhält der Schnaps ein besonders mildes Aroma.

* Verschließen Sie das Glas gut und lassen Sie den Schnaps an einem hellen Ort zwei Wochen durchziehen. Täglich durchschütteln nicht vergessen.

* Nach der Reifezeit abfiltern und in schöne Flaschen abfüllen.

Verpackung

Hübsch sieht es aus, wenn Sie je einen Zweig Estragon, Schafgarbe oder Salbei mit in die Schmuckflasche geben. Mit einer schönen Schleife in einem Flaschenkörbchen dekoriert, ist dies eine wunderbare Geschenkidee.

Pflaumen-Zimtlikör
Altes Familienrezept

Schließen Sie die Augen und stellen Sie sich einen kalten tief verschneiten Winterabend vor, im offenen Kamin lodert lustig das Feuer und Sie halten ein Glas Likör in der Hand, der angenehm nach Pflaumen und einer Spur wärmendem Zimt und Ingwer duftet — kann man sich etwas Schöneres vorstellen?

Für 1 l Likör:

250 g Pflaumenmus

300 g Zucker

2 Messerspitzen Nelkenpulver

2 Messerspitzen Ingwerpulver

700 ml Wasser

4 EL Rum

1/2 Fläschchen Rum-Aroma

800 ml Obstler oder Wodka

ZUBEREITUNG

* Lassen Sie das Pflaumenmus mit Zucker, Nelkenpulver, Ingwer und Wasser aufkochen.

* Nach ca. 5 Minuten Kochzeit zur Seite stellen und etwas abkühlen lassen.

* Geben Sie nun das Rum-Aroma und den Alkohol dazu und füllen die Mischung in eine Flasche ab.

* Eine Woche stehen lassen; dabei mehrmals gut durchschütteln.

* Den Pflaumenlikör durch ein Tuch seihen und in eine Flasche füllen.

Glückskekse mit Basilikum und Galgant

Für 40 Stück:

250 g Dinkelmehl

110 g Weizenvollkornmehl

45 g dunkler Rohrzucker

2 TL Backpulver

1 Prise Salz

1 Prise Echter Galgant (gemahlen)

1 gut gehäufter EL Basilikum (getrocknet)

2 Eier

160 g Blütenhonig

Unwiderstehliche, würzig-süße Dinkelkekse mit Galgant passen herrlich als Mitbringsel zum nächsten Kaffeekränzchen. Schon Hildegard von Bingen schrieb in einem ihrer bekanntesten Kräuterbücher: »Iss süßes Gebäck aus Dinkelgetreide, Galgant und Honig oft und alle Bitternis deines Herzens und deiner Gedanken weichen. Du wirst froh und deine Sinne rein.«

ZUBEREITUNG

* Mehl, Zucker, Backpulver, Salz, Galgant und Basilikum in eine Schüssel geben und gut vermischen.

* Drücken Sie in die Mitte eine Mulde und geben dort Eier und den flüssig-lauwarmen Honig hinein. Mit der Küchenmaschine oder dem Mixer gut verrühren, bis ein glatter Teig entsteht.

* Ein Backblech mit Backpapier auslegen und den Teig mithilfe eines Löffels zu kleinen Keksen formen und mit etwas Abstand auf das Blech legen.

* Im vorgeheizten Backofen bei 170 Grad (Umluft) ca. 25 Minuten backen.

Schokokekse mit Apfelminze

Verfeinert mit leckeren Duftkräutern, sind diese Schokoladenkekse ein beliebtes Mitbringsel. Aus Erfahrung weiß ich jedoch, dass auch der Teig nicht zu verachten ist – Vorsicht vor Schleckermäulchen, die nur darauf warten, dass Sie einmal kurz wegschauen, und dann den ganzen Rohteig verputzen.

Für 40 Stück:

260 g Dinkelvollkornmehl

10 g Kakao (gesiebt)

1 Päckchen Backpulver

60 g weiche Margarine

60 g Fruchtzucker

1 TL Pfefferminze oder Apfelminze (fein gehackt)

2 EL flüssiger Süßstoff

3 Eier

60 g Zartbitterschokolade (grob gerieben)

ZUBEREITUNG

* Mehl, Kakaopulver und Backpulver in eine große Schüssel geben und gut vermischen.

* Die restlichen Zutaten nach und nach hinzufügen und alles mit dem Handmixer oder der Küchenmaschine zu einem glatten Teig verkneten.

* Den Teig in eine Alu- oder Frischhaltefolie wickeln und ca. 1/2 Stunde kalt stellen.

* Rollen Sie den Teig ca. 3 mm dick aus, stechen Sie mit einem Förmchen oder kleinen Glas Kreise aus und legen diese auf ein mit Backpapier ausgelegtes Backblech.

* Das Blech in die Mitte des vorgeheizten Backofens schieben. Bei 180 Grad (Umluft) ca. 10 Minuten backen.

Mein Rat

Diese Kekse sind als Nascherei zwischendurch oder zum Kaffee ein wahrer Genuss.
Es wäre schade, wenn Sie alle verschenken müssten — machen Sie einfach die doppelte Portion.

Schoko-Rosenmuffins

Schneller geht's fast nicht mehr. Diese leckeren Schokomuffins sind ruck, zuck fertig und ideal, wenn sich überraschend Besuch ankündigt oder man noch ganz schnell ein Geschenk für eine Einladung zum Kaffeekränzchen braucht. Die kandierten Rosenblüten im Inneren der Muffins sind eine besondere Überraschung beim Hineinbeißen.

Für 12 Stück:

11 Zwieback

100 g Zucker

1 Prise Salz

4 Eier

1 Messerspitze Backpulver

200 g Mandeln (gemahlen)

200 g weiche Butter

150 g Schokolade

2 EL kandierte Rosenblüten

Wasser

ZUBEREITUNG

* Zwieback zerkrümeln und mit Zucker, Salz, Eiern, Backpulver und Mandeln zu einem glatten Teig verarbeiten.

* Die Butter mit der Schokolade und etwas Wasser im Wasserbad schmelzen lassen.

* Teig und Buttermasse zusammenrühren. Vorsichtig die kandierten Rosenblüten unterheben.

* Den Teig mit einem Esslöffel in Muffin-Förmchen füllen und bei 160 Grad (Umluft) ca. 15 Minuten backen.

* Nach dem Auskühlen können die Muffins mit kandierten Rosenblüten garniert werden – diese schmecken wunderbar zuckrig.

Mein Rat

Kandierte Rosenblüten sind recht teuer — man kann sie auch selbst herstellen: Rosenblütenblätter mit einem Sirup aus 3 Teilen Wasser und 1 Teil Zucker (im Topf aufgekocht und abgekühlt) übergießen, über Nacht stehen lassen. Vorgang wiederholen, bis die Blüten mit Sirup vollgesaugt sind. Trocknen lassen und luftdicht aufbewahren.

Rosenschokolade

Zart und verführerisch

Das Zusammenwirken selbst gemachter Schokolade mit dem aphrodisierenden Rosenöl und den kandierten Rosenblütenblättern garantiert ein Geschmackserlebnis der besonderen Art und ist das ideale Geschenk für Muttertag, frisch Verliebte oder ganz einfach für liebgewonnene Menschen.

Für 5 Tafeln:

50 g Pflanzenmargarine

200 g Milchpulver

50 g Kakaopulver

125 ml flüssige Sahne

100 g Honig

Einige Tropfen naturreines, ätherisches Rosenöl

2 EL kandierte Rosenblüten

ZUBEREITUNG

* Die Margarine im Wasserbad flüssig werden lassen.

* Das Milchpulver mit dem Kakao vermischen, zu der flüssigen Margarine geben und verrühren. Nach und nach die Sahne zufügen.

* Die Mischung aus dem Wasserbad herausnehmen, weiterrühren und auf etwa 50 Grad abkühlen lassen, dann den Honig und das Rosenöl zugeben.

* Den Schokoladenteig auf einem gefetteten Backblech etwa fingerdick verstreichen. Vorsichtig die kandierten Rosenblüten (Rezept S. 28) in die Masse drücken.

* Bei rund 70 Grad (Umluft) im Backofen 10–20 Minuten trocknen, dann herausnehmen und an der Luft fest werden lassen.

Weiße Schokolade mit Haselnüssen

Ganz genau genommen ist weiße Schokolade gar keine richtige Schokolade, da bei ihrer Herstellung nur Kakaobutter und kein Kakaopulver verarbeitet wird. Sie schmeckt aber mindestens ebenso gut wie ihre dunklen Kollegen. Und verfeinert mit frischen Haselnüssen oder Früchten, ist sie ein sinnliches Geschmackserlebnis.

Für 5 Tafeln:

70 g Puderzucker

10 g Milchpulver

100 ml Wasser

100 g Kakaobutter

100 g Sojalecithin (aus der Apotheke)

1 TL Vanilleextrakt

2 EL Haselnüsse (ganz)

ZUBEREITUNG

* Erwärmen Sie den Puderzucker, das Milchpulver und das Wasser so lange im Wasserbad, bis sich der Zucker vollständig gelöst hat.

* Mengen Sie die Kakaobutter und dann das Sojalecithin vorsichtig unter. Wer mag, verfeinert den Geschmack mit Vanilleextrakt.

* Heben Sie die Haselnüsse unter die Masse und streichen Sie diese in hübsche Formen.

* Zum Erkalten einfach auf die Fensterbank oder in den Kühlschrank stellen.

Veilchenschokolade

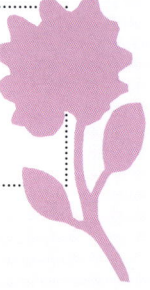

In diese Schokolade darf man nicht einfach hineinbeißen. Brechen Sie ein kleines Stück ab und drücken Sie es mit der Zunge leicht an den Gaumen, bis Sie den Schmelz der Schokolade spüren. Was für ein Glücksgefühl, nicht wahr?

Für 5 Tafeln:

250 g Kokosfett

200 g Puderzucker

1 Päckchen Vanillezucker

100 g Kakaopulver

ZUBEREITUNG

* Schmelzen Sie das Kokosfett im Wasserbad.

* Puderzucker und Vanillezucker fein sieben und nach und nach unterrühren.

* Ist eine homogene Masse entstanden, geben Sie den Kakao hinzu und rühren ihn unter.

* Füllen Sie die Schokoladencreme in eine flache Form oder auch in Pralinentütchen.

* Wer mag, kann die Tafeln mit kandierten Veilchenblüten verzieren.

* Stellen Sie Form oder Pralinentütchen für mindestens 20 Minuten in den Kühlschrank.

* Die Schokolade dann aus den Förmchen klopfen oder in den Pralinentütchen lassen.

Mein Rat

Kandierte Veilchenblüten kann man auch leicht selbst herstellen: Tauchen Sie 20 frische, gewaschene Veilchenblätter ohne Stielansatz in Eischnee von 2 Eiweiß und legen Sie sie dann auf ein mit Zucker bestreutes Pergamentpapier. Dann die Blätter auf beiden Seiten mit Zucker bestreuen und im Backofen bei max. 50 Grad langsam trocknen lassen.

Pralinenzauber

Braucht ein wenig Zeit

Für etwa 30 Pralinen:

300 g dunkle Schokolade

300 g Vollmilchschokolade

*170 g Sahne
(35 % Fettgehalt)*

Selbst gemachte Pralinen sind ein Traum, allerdings sollten Sie für die Herstellung etwas Zeit einplanen. Bringen zu Ihrer nächsten Einladung bei Freunden eine Schachtel eigener Köstlichkeiten mit — die Freude und Bewunderung wird groß sein.

ZUBEREITUNG

* 90 g Sahne aufkochen und mit 180 g fein gehackter dunkler Schokolade glattrühren.

* Nun 200 g Milchschokolade fein hacken und in eine Schüssel geben. 80 g Sahne aufkochen und darin die Milchschokolade auflösen.

* Beide Schüsseln über Nacht bei Zimmertemperatur stehen lassen.

* Mit einem Löffel gleichmäßig Kugeln aus der Schokoladenmasse formen und auf ein Backblech legen.

* Die übrige dunkle und die Vollmilchschokolade separat erwärmen, so dass sie sich ganz verflüssigen.

* Etwas flüssige Schokolade auf die Hand geben und das vorgerollte Pralinenstück darin drehen, sodass die ganze Oberfläche mit Schokolade bedeckt ist.

* Verwenden Sie für die dunkle Füllung dunkle Schokolade und für die hellen Pralinen Vollmilchschokolade.

Salbeibonbons

Einfach und schnell

Wenn man Halsschmerzen hat, wirken Salbeibonbons beinahe Wunder. Sie sind wohltuend und lindern schnell alle Beschwerden. Aber auch als Geschenk zu einem Krankenbesuch landen Sie mit handgefertigten Bonbons garantiert einen Volltreffer.

Für ca. 50 Bonbons:

10 g frische Salbeiblätter (oder 5 g getrocknete Salbeiblätter)

100 g Zucker

ZUBEREITUNG

* Die Salbeiblätter so fein wie möglich hacken. Getrockneter Salbei kann in einem Mörser besonders fein gemahlen werden.

* Stellen Sie die gewünschten Bonbon-Formen oder ein mit Backpapier ausgelegtes Backblech bereit.

* Geben Sie den Zucker in eine beschichtete Pfanne und lassen ihn bei mittlerer Hitze langsam karamellisieren. (Vorsicht, nicht zu dunkel werden lassen.)

* Pfanne von der Herdplatte nehmen und die Kräuter zügig unterrühren.

* Zuckermasse in Förmchen gießen oder mit einem Löffel Bonbonstücke auf das Blech tropfen.

* Nach dem Erkalten in etwas Puderzucker wenden.

Himbeer-Melissebonbons

Für besondere Anlässe

Dies ist ein uraltes, überliefertes Bonbon-Rezept meiner Großmutter, das eng mit meinen Kindheitserinnerungen verbunden ist.
Es gab die Bonbons nur zu ganz besonderen Anlässen – sie sind
eben auch etwas Besonderes. Beim Naschen stößt man nämlich
nach einer süßen, knackigen Hülle unvermittelt auf einen
erfrischenden Fruchtkern.

Für ca. 50 Bonbons:

1/8 l Sahne

10 g Himbeermus

*1 TL frische Melisse
(ganz fein gehackt)*

150 g Zucker

30 g Margarine

1 Päckchen Vanillezucker

1 TL Honig

Butter

ZUBEREITUNG

* Die Sahne mit der gehackten Melisse und dem Himbeermus
in einen beschichteten Topf geben und kurz aufkochen lassen,
abseihen und beiseitestellen.

* Nach dem Erkalten die Sahnemasse mit den übrigen Zutaten
erneut in einen Topf geben und bei mittlerer Hitze 25 Minuten
unter kräftigem Rühren kochen lassen.

* Die Bonbonmasse in eine flache, mit Butter eingefettete
Form (oder kleine Bonbon-Förmchen) gießen und etwas abkühlen lassen.

* Nach dem Abkühlen aus den Formen kippen oder in kleine
Stücke schneiden und in etwas Puderzucker wenden.

Mein Rat

*Ganz leicht lässt sich dieses Rezept auch zur Herstellung von Lutschern abwandeln.
Stecken Sie dafür einfach kleine Holzspieße in die noch nicht erkaltete Bonbonmasse.*

Vanillehonig

1 Glas Blüten- oder Akazienhonig
(250 g)

1 halbierte Vanilleschote

Ein unvergleichlich sinnlicher Genuss für schöne Stunden ist diese Honigköstlichkeit. Sie eignet sich zum Naschen, als Brotaufstrich oder auch zum Verfeinern von Kräuter- und Früchtetees.

ZUBEREITUNG

* Geben Sie in ein schönes Schmuckglas 1 halbierte Vanilleschote und füllen Sie dieses mit frischem Blüten- oder Akazienhonig auf.

* Verschließen Sie das Glas gut und lassen Sie den Honig mit der Vanilleschote mindestens 2 Wochen durchziehen.

* **Variante Melissenhonig**: Geben Sie für diese Köstlichkeit 3 Zweige Zitronenmelisse in ein schönes Glas und füllen dieses mit frischem Blüten- oder Akazienhonig auf. Zusätzlich ½ TL Zitronensaft untermischen und 2 Wochen ziehen lassen.

* **Variante Chilihonig**: Aromatisieren Sie ein Glas Blüten- oder Akazienhonig mit 1 halbierten und entkernten Chilischote, die Sie im Stück zum Honig geben.

Verpackung

Der Honig lässt sich gut — je nach Zutaten — mit Vanilleschoten, frischen Zweigen von Zitronenmelisse oder auch originell mit einer Schleife und kleinen Bienen aus Holz dekorieren.

Rosenhonig

Der Rosenhonig ist ohne Zweifel der »Romantische« unter den Honigvariationen. Mit Rosenknospen verfeinert, erhält der mild-aromatische Blüten- oder Akazienhonig einen herrlichen Duft und Geschmack nach frisch erblühten Rosen.

1 Glas Blüten- oder Akazienhonig (250 g)

10 Duftrosen-Knospen

3 Tropfen ätherisches Rosenöl (alternativ Rosengeranienöl)

ZUBEREITUNG

* Schneiden Sie im Garten frisch erblühte, noch halb geschlossene Rosenblüten ab, waschen diese gründlich und lassen sie vollständig trocknen.

* Öffnen Sie ein Glas frischen Blüten- oder Akazienhonig und geben die getrockneten Knospen hinein.

* Anschließend wird der Honig mit dem Rosenöl aromatisiert.

* Verschließen Sie das Glas gut und lassen Sie den Honig mit den Blütenknospen mindestens 2 Wochen durchziehen.

Verpackung

Besonders nett sieht diese Geschenkidee aus, wenn Sie einen Teil der getrockneten Duft-rosenblüten als zarte Dekoration verwenden.

Löwenzahn-Orangengelee

Das selbst gemachte Löwenzahnblüten-Gelee erinnert mit seinem blumig-milden Geschmack an kunterbunte Frühlingswiesen und wird Ihnen ein Lächeln ins Gesicht zaubern. Als wahrer Gaumenkitzler für jeden Anlass eignet es sich sowohl zum Verfeinern von Kräuter- und Früchtetees wie auch als Brotaufstrich zum Frühstück – und ist nebenbei noch sehr gesund.

Für ca. 6 Gläser à 250 ml:

200 g Löwenzahnblüten

800 ml Wasser

500 ml Orangensaft (am besten frisch gepresst)

2 × 100 g Gelierzucker (1:1)

2 TL Zitronensäure

50 g Orangenstücke (grob zerkleinert)

1 TL Ingwerpulver

ZUBEREITUNG

* Die Löwenzahnblüten mit dem Wasser in einen Topf geben und bei schwacher Hitze 30 Minuten vor sich hin köcheln lassen.

* Abseien und 500 ml von dem Sud abmessen.

* Diesen zusammen mit dem Orangensaft, dem Gelierzucker und der Zitronensäure gut 10 Minuten kräftig kochen. Dabei öfter umrühren.

* Die Orangenstücke mit dem geriebenen Ingwer kurz vor Ende der Kochzeit in die kochende Geleemasse geben. Schaum mit der Lochkelle vorsichtig abschöpfen und die Masse in Gläser füllen.

Verpackung

Genau wie der Geschmack sollte auch die Dekoration sein — bunt fröhlich mit einem Hauch Frühling. Frische Blumen eignen sich dazu ebenso gut wie gelbe oder orange Bänder, die sie um das Geleeglas binden.

Himbeer-Bananenmarmelade mit Zitronenmelisse

Für ca. 6 Gläser à 250 ml:

600 g Himbeeren

300 g Bananen

2 × 500 g Gelierzucker (2:1)

100 ml Apfelsaft

2 TL Zitronensäure

2 EL Zitronenmelisse (fein gehackt)

Ein wahrhaft verlockender Fruchtgenuss! Die Himbeere mit ihrem lieblichen Aroma, die süß-cremige Banane und die fruchtig erfrischende Zitronenmelisse machen diese Marmelade zu einem besonderen Vergnügen.

ZUBEREITUNG

* Waschen Sie die Himbeeren und verlesen Sie sie sauber.

* Zerdrücken Sie die Bananen mit einem EL Gelierzucker.

* Himbeeren und Bananen mit dem Apfelsaft, der Zitronensäure und dem restlichen Gelierzucker in einen Topf geben und nach Packungsvorschrift kochen.

* Die fein gehackte Zitronenmelisse unterrühren und die Masse in saubere und dekorative Gläser abfüllen.

Erdbeer-Mangomarmelade mit rotem Pfeffer

Für ca. 6 Gläser à 250 ml:

1000 g Erdbeeren

500 g Mangofleisch

100 ml Orangensaft

2 × 500 g Gelierzucker (2:1)

1 TL Zitronensäure

1 TL roter Pfeffer (grob gemahlen)

Was die Rose unter den Blumen ist, ist sie unter den Früchten: die Erdbeere, die unangefochtene Königin des Obstes. Und wenn sie als Marmelade zusammen mit der exotisch fruchtigen Mango ihr köstliches Aroma entfaltet, ist sie mit absoluter Sicherheit ein »must have« der Marmeladensaison. Der rote Pfeffer passt hervorragend zum fruchtigen Geschmack und gibt ihm eine sanfte Schärfe.

ZUBEREITUNG

* Waschen und putzen Sie die Erdbeeren gründlich und schneiden Sie sie in kleine Würfelchen.

* Auch das Mangofleisch fein würfeln. (Wer seine Marmelade sehr fein mag, kann Erdbeeren und Mango vor der Weiterverarbeitung pürieren.)

* Gemeinsam mit dem Orangensaft, der Zitronensäure und Gelierzucker aufkochen und rund 7 Minuten kochen lassen.

* Den roten Pfeffer dazugeben und die Masse in dekorative Gläser abfüllen und abkühlen lassen.

Schutzengel-Tee

20 g Apfelstücke

5 g Koriander

15 g Fenchel

20 g Hagebutten

15 g Minze

5 g Anis

20 g Melisse

5 g Kornblumen

Ein kleiner Schutzengel, der uns immer begleitet – wie praktisch wäre das. Dieser köstliche und ganz einfach herzustellende Schutzengel-Tee aus getrockneten Kräutern und Früchten sorgt dafür, dass wir uns und unserer Gesundheit viel Gutes tun. Und ganz nebenbei schmeckt er auch noch …

ZUBEREITUNG

* Die Früchte und Kräuter können zwar auch frisch verwendet werden, für einen haltbaren Tee sollten Sie sie jedoch trocknen.

* Geben Sie hierfür die klein geschnittenen Apfelstücke und Kräuter auf ein Backblech und trocknen Sie alle Zutaten bei max. 50 Grad.

* Lassen sich die Kräuter zwischen den Fingern zerbröseln und weisen die Apfelstücke keine Feuchtigkeit mehr auf, dann sind sie für die Weiterverarbeitung geeignet.

* Zerkleinern Sie die Kräuter und Gewürze in einem Mörser, mischen Sie sie gründlich durch und füllen sie in ein gut verschließbares Glas.

Verpackung

Der Schutzengel-Tee kann von Groß und Klein getrunken werden. Die Kräuter und Früchte harmonieren angenehm würzig und schmecken sehr gut mit dem Vanillehonig von Seite 42. Zusammen verpackt, machen sie sich gut als Geschenk für Freunde und Bekannte.

Gute-Laune-Tee

20 g Zitronenmelisse

10 g Apfelminze

20 g Pfefferminze

5 g Ringelblumen

10 g Malvenblüten

5 g Kornblumen

5 g Sonnenblumenblüten

10 g Gänseblümchen

»Zaubern Sie ein Lächeln in Ihr Gesicht«, denn gute Laune ist ansteckend. Mit dieser Teemischung sollte das gelingen, denn sie hält, was ihr Name verspricht. Besonders Kinder mögen den mild aromatischen Geschmack von Zitronenmelisse und Apfelminze.

ZUBEREITUNG

* Die Kräuter kann man zwar auch frisch verwenden, für einen haltbaren Tee sollten sie jedoch getrocknet werden.

* Geben Sie hierfür die Kräuter auf ein Backblech und trocknen Sie alle Zutaten bei max. 50 Grad.

* Lassen sich die Kräuter zwischen den Fingern zerbröseln, dann sind sie für die Weiterverarbeitung geeignet.

* Mischen Sie alle Zutaten sorgfältig und füllen Sie sie in ein dekoratives Gefäß. Einige Tage gut durchziehen lassen.

* **Aufguß**: Überbrühen Sie einen Esslöffel der Teemischung mit kochendem Wasser und lassen das Ganze mindestens zehn Minuten zugedeckt ziehen. Nach dem Abseihen können Sie ein oder zwei Stück Sternanis und einige Orangenscheiben dazugeben – sieht hübsch aus und schmeckt lecker.

Verpackung

Getrocknete Ringelblumen sehen apart aus und eignen sich wunderbar als stimmungsvolle Dekoration für dieses Geschenk. Verschönern Sie Ihren Tee auch mit leuchtend bunten Schleifen oder einem frühlingshaften Dekoband.

Hexenzauber-Tee

10 g Hibiskus

20 g Hagebutte
(wenn möglich, ohne Kerne)

40 g Apfelstückchen

5 g Korinthen

20 g Holunderbeeren

20 g Orangenstücke

5 g Orangenschalen

20 g Johannisbeeren

5 g Malvenblüten

5 g Rosenblüten

Mit diesem Kräuterhexen-Tee »zaubern Sie Magie in Ihr Leben« – das darf ich Ihnen versprechen. Die Mischung enthält einige altbekannte »Hexenkräuter« wie Malve, Holunder und Korinthen und bringt Körper und Seele in Balance.

ZUBEREITUNG

* Die Blüten, Früchte und Kräuter kann man zwar auch frisch verwenden, für einen haltbaren Tee sollten sie jedoch getrocknet werden.

* Geben Sie hierfür alle Zutaten auf ein Backblech und trocknen Sie sie bei max. 50 Grad.

* Lassen sich die Kräuter und Blüten zwischen den Fingern zerbröseln und weisen die Fruchtstücke keine Feuchtigkeit mehr auf, dann sind sie für die Weiterverarbeitung geeignet.

* Geben Sie alle Zutaten in eine Schüssel und vermischen Sie sie sorgfältig untereinander, dann können sie in Gläser oder Tüten abgefüllt werden.

* **Aufguß**: 5 bis 6 gut gehäufte Teelöffel auf 1 Liter frisches, kochendes Wasser geben und 5 bis 10 Minuten ziehen lassen.

Verpackung

Dieser Tee kommt als Geschenk besonders gut zur Geltung, wenn Etikett und Verpackung mit „Kräuterhexen-Details" versehen werden. Hierfür eignen sich Naturmaterialien wie feine Ästchen, Naturbast, Früchte oder getrocknete Kräutersträußchen.

Christkindl-Tee

10 g Apfelstücke

5 g Hibiskus

5 g Hagebutte

1 Stange Zimt (gemahlen)

10 g Birnenstücke

3 g Nelken

10 g Orangenstücke

2 Tropfen naturreines, ätherisches Orangenöl

2 Tropfen naturreines, ätherisches Nelkenöl

Ohne Zweifel ist die Weihnachtszeit die schönste Zeit im Jahr! Diese spezielle Gewürzkräutertee-Mischung verkürzt Ihnen die Wartezeit auf das Christkind. Fruchtstücke von getrockneten Birnen und Äpfeln und typische Weihnachtsgewürze wie Zimt und Nelke runden das Aroma liebevoll ab.

ZUBEREITUNG

* Die Zutaten werden in getrocknetem Zustand verarbeitet. Apfel-, Birnen- und Orangenstücke können Sie so kaufen oder im Backofen selbst trocknen.

* Geben Sie alle Zutaten in eine große Schüssel und vermischen sie miteinander.

* Für ein besonderes Aroma mengen Sie die ätherischen Öle bei und mischen nochmals gut durch.

* In einem gut verschließbaren Glas einige Tage durchziehen lassen, abfüllen – und fertig ist eine himmlische Geschenkidee.

* **Aufguß**: 1 TL pro Tasse (ca. 200 ml) mit frischem, kochendem Wasser überbrühen und je nach Geschmack 5 bis 10 Minuten ziehen lassen.

Glühweingewürz

10 g Hagebutten

10 g Hibiskus

10 g Orangenstücke

10 g Nelken

10 g Zimt

10 g Apfelstücke

10 g naturreines, ätherisches Orangenöl

Ein Winter ohne Glühwein? Unvorstellbar. Besonders gut schmeckt er, wenn Sie dieses köstliche wärmende Getränk mit selbst gemachtem Glühweingewürz hergestellt haben.

ZUBEREITUNG

* Wenn Sie Ihre Zutaten frisch gekauft haben, müssen Sie sie bei niedriger Temperatur auf einem Backblech im Backofen trocknen.

* Dann werden Früchte und Gewürze grob zerkleinert, gemischt und in Gläser oder Beutel gefüllt.

* **Aufguß**: Auf einen Liter Rotwein geben Sie 2 TL Gewürz und kochen den Wein in einem Topf auf. Das Gewürz passt auch wunderbar zu einem weihnachtlichen Orangenpunsch. Voller Geschmack und intensives Aroma!

Mein Rat

Möchten Sie auch Ihre kleinen Gäste verwöhnen? Richten Sie 1 l Früchtetee mit 2 TL Glühweingewürz an; diese alkoholfreie Variante des Glühweins schmeckt Kindern besonders gut.

Pizzagewürz

10 g *Oregano*

10 g *Rosmarin*

10 g *Basilikum*

10 g *Thymian*

10 g *Knoblauch*

Ein Besuch in Italien gefällig? Diese köstliche und schnell gemachte Gewürzmischung eignet sich, wie der Name schon sagt, zur Verfeinerung verschiedener kulinarischer Klassiker aus Italien. Einer leckeren Pizza, aber auch jeder Art von Pasta und Lasagne gibt die italienische Mischung den feinen mediterranen Geschmack.

ZUBEREITUNG

* Mit frischen Zutaten zubereitet, schmeckt das Pizzagewürz am Köstlichsten. Wollen Sie es aber auf Vorrat oder als Geschenk herstellen, sollten Sie alle Kräuter trocknen.

* Hierfür werden Oregano, Rosmarin, Basilikum und Thymian gebündelt und an einem warmen Ort zum Trocknen aufgehängt. Wenn die Kräuter zwischen den Fingern zerbröseln, können sie weiterverarbeitet werden.

* Den Knoblauch in ganz feine Scheiben schneiden und auf einem Backblech im Backofen bei ca. 50 Grad trocknen lassen.

* Zerkleinern Sie die Kräuter und die Knoblauchflocken mit einem Mörser und füllen Sie sie in dekorative Gläser oder Tüten ab.

Mein Rat

Das Pizzagewürz passt nicht nur zum kulinarischen Klassiker Italiens — auch Pastasaucen oder Lasagne, Minestrone oder Pesto lassen sich damit herrlich verfeinern. Dazu Ciabatta, mehr braucht man eigentlich nicht zum Glücklichsein.

Bratkartoffelgewürz

3 g gemahlener Pfeffer
10 g Paprika (edelsüß)
10 g Petersilie
30 g Salz
10 g Oregano
10 g Rosmarin
5 g Kümmel
40 g Röstzwiebeln

Damit die Bratkartoffeln wie bei Oma schmecken! Diese leckere Rezeptur macht Ihre Bratkartoffeln zu einem wahren Gaumenschmaus. Einfach in der Pfanne über den heißen Kartoffelscheiben verteilen, diese umwenden und knusprig braten. Das Bratkartoffelgewürz gibt auch Kartoffelpüree und Eierspeisen eine köstliche Würze.

ZUBEREITUNG

* Damit die Gewürzmischung länger hält, sollten die Kräuter vor der Weiterverarbeitung getrocknet werden.

* Hängen Sie die Kräuter entweder gebündelt an einem trockenen luftigen Ort auf, oder trocknen Sie sie auf einem mit Backpapier ausgelegten Backblech bei ca. 50 Grad.

* Mischen Sie die Kräuter mit den Gewürzen und den ebenfalls getrockneten Röstzwiebeln und füllen das Gewürz in Tüten oder schöne Schmuckgläser ab.

* **Verwendung frischer Kräuter:** Für den sofortigen Verzehr gibt es eigentlich nichts Köstlicheres als Bratkartoffeln mit frischem Rosmarin und Oregano, fein gehackter Petersilie und Zwiebeln sowie einer Prise Paprika und Kümmel.

Verpackung

Zusammen mit einem Bund frischer Kräuter (z.B. Petersilie und Rosmarin), einer Sonnenblume und einer schönen Schleife kann das Bratkartoffelgewürz sehr hübsch auf einen Kochlöffel gebunden werden.

Süße Flower-Power-Mischung

30 g brauner Rohrzucker

5 g Rosenblüten

5 g Ringelblumen

5 g Zimt (gemahlen)

5 g Nelken (gemahlen)

5 g Ingwer (gemahlen)

5 g Kornblumen

Diese bunte, süße Gewürzmischung präsentiert sich in lustigem Flower-Power-Look und passt gut zu allen Süßspeisen – egal, ob warm oder kalt. Desserts, Mehlspeisen und Kuchen, Schlagsahne, Cremes und Eis können damit schön bunt dekoriert und geschmacklich verfeinert werden.

ZUBEREITUNG

* Geben Sie den Zucker und die getrockneten Kräuter und Blüten in einen Mörser und mahlen alle Zutaten.
* Vermischen Sie sie gut, dann können sie in dekorative Gläser oder Cellophantüten abgefüllt werden.

Verpackung

Mit dem unvergleichbaren süßen Aroma der Flower-Power-Gewürzmischung kann man sich auf eine geschmackliche Zeitreise in die Jahre der bunten Hippie-Generation begeben. Und genau so sollte auch die Dekoration sein. Hierzu bieten sich kunterbunte Blumen und Blüten an.

Vitalkräutersalz

100 g naturreines Meersalz

20 g Brennnesselsamen
(getrocknet)

Das Vitalkräutersalz ist eine uralte, überlieferte Spezialität aus dem Salzburger Land. Die reifen Brennnesselsamen stärken nicht nur das Immunsystem, sie wirken auch ausleitend und entgiftend.

ZUBEREITUNG

* Geben Sie die Brennnesselsamen zusammen mit dem Meersalz in einen Mörser.

* Vermahlen Sie die beiden Zutaten so lange, bis sich das Salz grün färbt. Dann erst offenbart sich der köstliche Kümmelgeschmack.

* Füllen Sie das Salz in dekorative Fläschchen oder Tüten.

Verpackung

Besonders originell können Sie das Vitalkräutersalz in Weckgläsern verpacken. Zusammen mit einer schönen Packung Servietten oder einem Holzlöffelchen ergibt dieses Mitbringsel einen netten Hingucker, der lecker schmeckt und auch noch Freude bereitet. Denken Sie an den netten Brauch zur Wohnungs- oder Hauseinweihung: Man schenkt den neuen Besitzern ein Körbchen mit einem kleinen Laib Brot und einem Beutel oder Gläschen Salz. So sollen Wohlstand und Glück ins Haus einziehen — vielleicht auch etwas für Ihre Freunde?

Salatkräuter

5 g Brennnesselblätter

10 g Petersilie

10 g Oregano

10 g Bärlauch

10 g Thymian

2 g Blütenblätter einer Sonnenblume

2 g Rosenblüten

Aus Erfahrung weiß ich, dass diese bunt-fröhliche Kräuter-mischung durch ihr bloßes Aussehen gute Laune verleiht. Und das nicht nur auf Salaten, sondern auch in Saucen und auf dem Käse- oder Butterbrot. Diese schmecken nicht nur gut, sondern sind dann auch optisch ein Genuss.

ZUBEREITUNG

* Für ein Mitbringsel oder Geschenk empfehle ich, die Kräuter vor dem Mischen und Abfüllen zu trocknen, da sie so länger halt-bar sind.

* Legen Sie die Kräuter zum Trocknen auf ein Backblech und trocknen sie bei ca. 50 Grad im Backofen. Ebenso effektiv ist es, die Kräuter frisch abzuschneiden, zu bündeln und an einem luftigen, hellen Ort trocknen zu lassen.

* Der Trocknungsvorgang ist abgeschlossen, wenn sich die Kräu-ter zwischen den Fingern zerbröseln lassen.

* Nun die Blätter in einem Mörser fein zerreiben. In Cellophan-säckchen oder schöne Geschenkgläser abfüllen.

Verpackung

Gut eignen sich kleine Kräuterdosen, die Sie leicht im Kaufhaus erstehen können. Dekoriert in einem Korb und mit ein paar frischen Kräutern, haben Sie so ganz einfach ein wunderschönes Mit-bringsel zum Abendessen. Ganz sicher wird die nächste Einladung nicht lange auf sich warten lassen.

Zehnkräutersalz

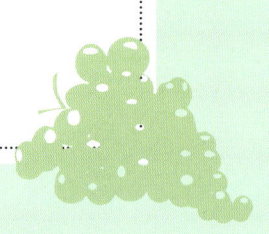

50 g *Meersalz*

5 g *Rosmarin*

5 g *Liebstöckel*

5 g *Thymian*

5 g *Estragon*

5 g *Dill*

5 g *Oregano*

5 g *Basilikum*

5 g *Zitronenmelisse*

5 g *Fenchel*

5 g *Majoran*

Ein Klassiker unter den Kräutersalz-Variationen — diese Spezial-rezeptur entführt Sie in eine andere Welt. Die bunte Kräuter-mischung ist mit naturbelassenem Meersalz und aromatischen Küchenkräutern verfeinert. Sie ist vielseitig einsetzbar — Suppen, Salate, Saucen, Eintöpfe oder Braten lassen sich damit vorzüglich aufwerten.

ZUBEREITUNG

* Diese Kräutermischung sollte aufgrund des hohen Salzanteils immer mit getrockneten Zutaten hergestellt werden.

* Trocknen Sie die Kräuter im Backofen bei 50 Grad oder hän-gen Sie sie zu Sträußchen gebündelt an einem trockenen Ort auf.

* Sobald sie sich zwischen den Fingern zerbröseln lassen, können sie verarbeitet werden.

* Mahlen Sie die getrockneten Kräuter zusammen mit dem Salz so lange in einem Mörser, bis das Salz die grüne Farbe der Kräuter angenommen hat. Dies ist zwar etwas zeitaufwendig, lohnt sich aber. Alle Kräuter harmonieren wunderbar miteinander und bestechen durch ihr außergewöhnliches Aroma.

Gewürzmischung all'arrabbiata

5 g Knoblauch

3 g Chili

5 g Paprika scharf

5 g Pfeffer (schwarz)

5 g Oregano

5 g Rosmarin

5 g Basilikum

5 g Thymian

In ihrem Heimatland Italien ist diese Gewürzmischung die Scharfmacherin unter den Gewürzen und schmeckt köstlich in Pastagerichten wie Spaghetti all'arrabbiata und auf Pizza. Aber auch scharfe Ragouts oder Gulasch lassen sich durch sie verfeinern.

ZUBEREITUNG

* Wenn Sie Ihre Gäste bei einem Grillabend verwöhnen möchten, sollten Sie auf alle Fälle das Arrabbiata-Gewürz aus frischen Kräutern und Gewürzen herstellen.

* Als Geschenk oder Mitbringsel empfiehlt es sich, getrocknete Kräuter zu verwenden, um die Haltbarkeit zu erhöhen.

* Zum Trocknen können Sie die Kräuter auf ein Backblech legen und bei ca. 50 Grad im Backofen trocknen. Ebenso effektiv ist es, sie frisch abzuschneiden, zu bündeln und so an einem luftigen, hellen Ort trocknen zu lassen.

* Alle Kräuter werden zerkleinert, gut vermischt und in Cellophantüten oder Geschenkgläsern verpackt.

Verpackung

Als Geschenkvariation mit frischen oder getrockneten Chilis und einer Tüte guter Pasta-Nudeln verpackt, wird diese Gewürzmischung jeden beschenkten Gastgeber erfreuen.

Blütenkräutersalz
Aromatisch

5 g Basilikum

5 g Sonnenblumenblütenblätter

5 g Rosenblüten

5 g Kornblumenblüten

5 g Rosmarinblüten

5 g Rosmarinnadeln

5 g Oreganoblüten

5 g Oreganoblätter

50 g Meersalz

Dies ist eine besonders farbenfrohe, pikant-würzige Salz-mischung. Sie können sie sowohl für edle Vorspeisen wie Kräuter-aufstriche als auch für Hauptspeisen wie Risotto, Nudelgerichte oder feines Gemüse verwenden. Sie verleiht ein besonders mediterranes und vor allem buntes Flair.

ZUBEREITUNG

* Trocknen Sie die Kräuter im Backofen bei 50 Grad oder hän-gen Sie sie in Bündeln zum Trocknen auf. Sobald sie zwischen den Fingern zerbröseln, sind sie fertig.

* Die Blütenblätter werden auf einem Zeitungspapier oder einem Blatt Küchenrolle aufgelegt und getrocknet.

* Vermahlen Sie die »grünen« Kräuter mit dem Meersalz in einem Mörser so lange, bis das Salz die grüne Farbe angenommen hat.

* Die getrockneten Blütenblätter nur kurz durchmahlen, dass sie etwas zerkleinert sind und ihre bunte Farbe noch gut sichtbar ist.

Verpackung

Dekorieren Sie diese Geschenkidee aus dem Kräutergarten mit bunten Blumen und Blüten. Wunderschön sieht es aus, wenn Sie einige frische Kräuter mit Blüten zusammenbinden und mit einer schönen Schleife am Kräutersalz-Säckchen anbringen.

Kräuterbuttergewürz

5 g frische Petersilie
5 g frischer Rosmarin
5 g frischer Knoblauch
5 g Paprika (edelsüß)

Was wäre ein Grillabend ohne Kräuterbutter? Mit dieser Kräutermischung lässt sie sich wunderbar anrühren und sorgt so für ein herrliches Würzerlebnis. Gegrilltes Gemüse, Fleisch, Huhn und Hackfleisch passen besonders gut zu dem Aroma aus Rosmarin und Knoblauch.

ZUBEREITUNG

* Das Gewürz kann mit getrockneten Zutaten hergestellt werden, frisch schmeckt es aber besonders gut. Hacken Sie dafür die Petersilie und den Rosmarin sehr fein.

* Drücken Sie den Knoblauch durch eine Presse und geben ihn mit der Paprika zu den Kräutern.

* Die Mischung kann nun direkt zu einer feinen Kräuterbutter verarbeitet werden.

* Dafür 500 g Butter auf Zimmertemperatur aufwärmen und die Gewürzmischung unterrühren.

* Wer mag, kann die Butter noch mit etwas Kräutersalz verfeinern.

* Geben Sie die Masse in ein Butterbehältnis und stellen sie kühl. Wenn Sie die Kräuterbutter auf eine Frischhaltefolie geben, können Sie leicht eine Butterrolle formen und aus dieser kleine Scheiben zum Verzehr abschneiden.

Rosmarin-Chiliöl

Raffiniert & aromatisch

Diese ganz besondere Kräuteröl-Mischung verfeinert Gerichte und Salate und wird zum unverzichtbaren Bestandteil in der modernen, südländischen Küche. Das hochwertige aromatische Olivenöl ist, verfeinert mit Rosmarin und Chili und einem Hauch Basilikum, ein mediterraner Traum.

Für 700 ml:

2 Knoblauchzehen

2 Chilischoten (rot)

6 Basilikumblättchen

1 Rosmarinzweig

5 Wacholderbeeren

1 Lorbeerblatt

700 ml Olivenöl

ZUBEREITUNG

* Der Knoblauch wird kurz angeröstet, damit er sein volles Aroma entwickelt.

* Ritzen Sie die Chilischoten ein und entkernen sie.

* Geben Sie den Rosmarinzweig, Basilikumblättchen, Wacholder-beeren und das Lorbeerblatt (alle Zutaten getrocknet) in eine Flasche und füllen die Mischung mit Olivenöl auf.

* Fest verschlossen zwei Wochen lang durchziehen lassen.

* Filtern Sie das Öl vor dem Verschenken und lagern Sie es kühl und gut verschlossen.

Kräuteröl für Salat und Fisch

1 Rosmarinzweig

1 Thymianzweig

1 Estragonzweig

2 – 3 Zitronenscheiben

500 ml Sonnenblumenöl

Eines versichere ich Ihnen: Ein Kräuteröl in dieser aromatischen Zusammensetzung werden Sie in keinem Geschäft kaufen können. Rosmarin, Thymian und Estragon eignen sich ganz hervorragend, um den Geschmack von frischem Fisch abzurunden. Besonders Estragon harmoniert durch seine milde Würze gut mit Fisch.

ZUBEREITUNG

* Trocknen Sie Rosmarin, Thymian und Estragon im Backofen.

* Schneiden Sie eine unbehandelte Zitrone in Scheiben. Sollten Sie keine unbehandelte Zitrone bekommen, muss diese unbedingt vor Verwendung geschält werden.

* Geben Sie alle Zutaten in eine Flasche und füllen sie mit hochwertigem Sonnenblumenöl auf. Achten Sie darauf, dass alle Kräuter ganz mit Öl bedeckt sind, sonst ziehen sie nicht gut durch.

Winterzauber-Salatessig

Mit dieser würzigen Essigkreation müssen Sie auch im Winter nicht auf köstlichen Salatgenuss verzichten. Ingwer und Zimt geben diesem ausgefallenen Essig eine besondere Note. Er vereinigt eine Vielzahl orientalischer Gewürze.

Für 500 ml:

1/2 l Weißweinessig oder Rotweinessig

5 rote Pfefferkörner

1 TL Ingwer (getrocknet und gemahlen)

10 Pimentkörner

8 Gewürznelken

1/2 Zimtstange

5 Sternanisfrüchte

3 Scheiben Orangen (unbehandelt)

ZUBEREITUNG

* Geben Sie alle Zutaten zusammen mit 200 ml Essig in einen Topf und kochen Sie die Mischung auf.

* Lassen Sie den aromatisierten Essig 10 Minuten ziehen.

* Nach dem Abkühlen mit dem restlichen Essig auffüllen und in dekorative Flaschen füllen.

Verpackung

Füllen Sie den Winterzauberessig zusammen mit einer Auswahl frischer Gewürze in eine schöne Flasche. Ich bewahre leere Saft- oder Ölflaschen auf, die immer wieder zu einer hübschen Dekoration für meine Kreationen werden. Umbunden mit einer hübschen Schleife, sind sie ein toller Hingucker. Auch einige Pfefferkörner oder ein Stück Ingwer und eine halbe Vanilleschote machen sich gut in den Flaschen.

Zimtöl mit Orangen

Exotisch im Geschmack

5 g Kurkuma (pulverisiert)

10 g Kardamom

3 Zimtstangen

1 TL Orangenschale (getrocknet)

500 ml Sonnenblumenöl

Für alle Fans der exotischen Küche ist diese Kräuteröl-Variation ein absoluter Genuss. Als besonderes Geschmackserlebnis habe ich dem Rezept Kardamom, Kurkuma und getrocknete Orangenschalen beigemengt.

ZUBEREITUNG

* Geben Sie alle Zutaten in eine Flasche und füllen diese mit hochwertigem Sonnenblumenöl auf.

* Nach 2 Wochen an einem hellen Platz (täglich gut durchschütteln) ist das Öl gut durchgezogen und aromatisch im Geschmack.

* Filtern Sie es ab, füllen es in schöne Geschenkflaschen und geben als Dekoration eine Zimtstange in jede Flasche.

Mein Rat

Versuchen Sie das Öl zum Ausbacken von Süßspeisen wie Pfannkuchen oder zur Zubereitung von Früchten. Alle Hobbyköche und Liebhaber der exotischen Küche werden davon begeistert sein.

Rosenblütenessig mit frischen Himbeeren

Die Rose gilt als die Königin der Blumen, und das nicht nur wegen ihrer Schönheit, sondern vor allem aufgrund ihres betörenden Duftes. In diesem Essig fangen Sie ihr Aroma ein und kombinieren es mit einem Hauch von Himbeeren, sodass sich ein edles Aroma und eine tiefrote, geschmackvolle Färbung ergeben.

Für ca. 700 ml:

10 g frische Rosenblüten (stark duftend)

50 g frische Himbeeren

0,7 l Weißweinessig

ZUBEREITUNG

* Stellen Sie ein Gefäß mit weiter Öffnung bereit.

* Befreien Sie die frischen Rosenblüten vom Kelchansatz und geben Sie sie gemeinsam mit den geputzten Himbeeren und dem Weißweinessig in das Gefäß.

* Stellen Sie die Essigmischung an einen warmen und dunklen Ort und lassen Sie sie durchziehen. Täglich kurz durchschütteln.

* Nach 4 Wochen durch einen Kaffeefilter filtern, in saubere Flaschen oder Fläschchen abfüllen. Als Dekoration können einige frische rote Rosenblütenblätter in die Flaschen gegeben werden.

Verpackung

Diese Essigvariante kann wunderschön romantisch mit einer schönen Schleife und getrockneten Rosenblüten verpackt werden. Entscheiden Sie sich für sanfte Farben, die Ton in Ton zum Essig passen.

Bärlauchessig

8 kleine Bärlauchblätter
2 TL Blütenhonig
1 l Weißweinessig

Ein absoluter Klassiker unter den Kräuter- und Gewürzessigen ist der Bärlauchessig. Er schmeckt deutlich, doch mild nach Knoblauch und kommt in der modernen Küche hervorragend zur Geltung. Ganz nebenbei ist er auch noch sehr gesund. Abgerundet mit einem Hauch von Honig, wird er zu einem ganz tollen Geschmackserlebnis.

ZUBEREITUNG

* Die Bärlauchblätter werden sauber mit kaltem Wasser gewaschen und getrocknet.

* Den Blütenhonig im Wasserbad leicht erwärmen.

* Bärlauchblätter und Honig mit dem Weißweinessig in eine Flasche geben. Achten Sie darauf, dass der Bärlauch gut bedeckt ist.

* Die Flasche nun gut verschließen und 1 Woche durchziehen lassen. Täglich kräftig durchschütteln.

* Sauber durch einen Kaffeefilter abseihen und wieder in die Flasche füllen.

Tomaten-Bärlauchrelish

Süß-saure Relishs sind eine wunderbare Ergänzung zu gebratenem Putenschnitzel, aber auch zu kaltem Bratenaufschnitt oder Wild- und Rindfleisch. Das rote Tomatenrelish mit einem Hauch Bärlauch ist eine ganz besondere Kreation, die aus Früchten hergestellt wird, die man mit Zucker einkocht.

Für ca. 5 Gläser à 250 ml:

900 g Tomaten

200 ml Rotwein

2 × 500 g Gelierzucker (2:1)

1 TL Zitronensäure

40 g Bärlauch

2 TL bunter Pfeffer (gemahlen)

1 TL Thymian

1 TL Oreganoblättchen

ZUBEREITUNG

* Die Tomaten werden gewaschen, halbiert, die Kerne entfernt und mit dem Pürierstab zerkleinert.

* Geben Sie sie zum Rotwein und lassen das Ganze eine Stunde ziehen.

* Kräftig durchrühren und mit dem Gelierzucker, der Zitronensäure und dem fein gehackten Bärlauch nach Packungsvorschrift kochen.

* Hacken Sie frischen Thymian und Oregano und geben Sie die Kräuter zusammen mit dem Pfeffer kurz vor dem Gelieren hinzu.

* In saubere Gläser abfüllen und abkühlen lassen.

Brennnesselnudeln

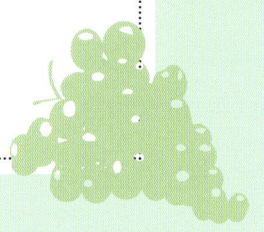

Diese ganz einfach hergestellte und doch so besondere Nudel-Variation ist der Höhepunkt jedes kulinarischen Festmenüs. Mit diesem Rezept gelingt die selbst gemachte Kräuter-Pasta der ganz besonderen Art im Handumdrehen.

Für vier Personen:
200 g junge Brennnesselblätter
4 EL lauwarmes Wasser
2 Eier
1 TL Kräutersalz
150 g Weizenmehl

ZUBEREITUNG

* Hacken Sie die Brennnesselblätter sehr fein und kochen Sie sie ca. 10 Minuten in einem Topf Wasser, bis sie gar sind.

* Sobald die Blättchen zusammengefallen sind, abgießen und kurz abkühlen lassen.

* Blätter zusammen mit dem lauwarmen Wasser, Eiern und dem Kräutersalz in einen Standmixer geben und pürieren, bis sich eine breiige Masse bildet.

* Diese in einer Schüssel so lange mit Mehl anreichern, bis ein fester Teig entsteht.

* Teig ca. 2 Stunden in einer Frischhalte- oder Alufolie im Kühlschrank ruhen lassen.

* Auf einer bemehlten Arbeitsfläche ausrollen (oder durch eine Nudelmaschine drehen), in Streifen schneiden, zu kleinen Nestchen formen und 2 Stunden trocknen lassen.

Mein Rat

Meine Großmutter benutzte zum Trocknen der Nudeln einen Besenstiel, den sie auf zwei Stuhllehnen legte. Die Nudeln hängte sie einfach darüber. Vielleicht eine Idee zum Nachmachen?

Ingwernudeln

Ingwer gilt als die scharf-würzige Sinnlichkeit aus dem Fernen Osten und fehlt bei keinem Asien-Fan in der Küche. Der sinnlich scharfe und leicht zitronige Geschmack dieser selbst gemachten Ingwernudeln ist etwas Besonderes. Sie schmecken als Beilage zu asiatischen Speisen genauso gut wie pur mit einem Schuss Olivenöl.

Für 4 Personen:

1 ganzes Ei

4 Eigelb

1/2 TL Kräutersalz

2 EL Olivenöl

1 bis 2 EL frischen Ingwer

300 g Weizenmehl

3 bis 5 EL Wasser

ZUBEREITUNG

* Ei, Eigelb, Kräutersalz und Olivenöl in einer Schüssel verrühren.

* Den Ingwer fein reiben und hinzufügen.

* Nach und nach das Mehl hinzugeben und alle Zutaten zu einem zähen Teig verkneten. Sollte er zu trocken sein, etwas Wasser hinzugeben.

* Den Teig in Frischhalte- oder Alufolie einwickeln und mehrere Stunden im Kühlschrank ruhen lassen.

* Auf einer bemehlten Arbeitsfläche ausrollen (oder durch eine Nudelmaschine drehen), in Streifen schneiden, zu kleinen Nestchen formen und 2 Stunden trocknen lassen.

Verpackung

Besonders schön sehen die Ingwernudeln in einem breithalsigen Glas aus. Als Dekoration empfehle ich eine schöne Schleife und vielleicht ein Stück Ingwer oder frische Kräuter — mehr braucht es eigentlich nicht ....

Pflegende Geschenke

aus dem Garten

Blütenbadesalz

In diesem Badesalz wimmelt es nur so von bunten Blüten, wunderbaren Düften und guter Laune. Die ausgesuchten Duftkräuter, die anregenden ätherischen Öle und das naturreine Meersalz versprechen ein himmlisches Badevergnügen! Macht munter und fröhlich.

Für ca. 100 g:

100 g Meersalz

1 EL Rosenblüten

1 EL Hibiskusblüten

1 EL Lavendelblüten

1 EL Ringelbumenblüten

1 EL Kornblumenblüten

Naturreines, ätherisches Öl (je 2 Tropfen Rose, Rosenholz, Bergamotte, Lavendel und Grapefruit)

ZUBEREITUNG

* Die Blüten sollten im getrockneten Zustand verwendet werden.

* Vermischen Sie die Blüten kunterbunt miteinander und fügen Sie dann das Salz hinzu.

* Rühren Sie die ätherischen Öle unter. Sollten Sie nicht alle Duftnoten zur Hand haben, können Sie auch Ihren ganz persönlichen Lieblingsduft verwenden.

* **Anwendung**: Geben Sie 5 bis 6 EL in das warme Badewasser.

Mein Rat

Füllen Sie die Blütenbadesalz-Mischung in einen Waschhandschuh und lassen Sie ihn im einlaufenden Badewasser mitschwimmen. So verhindern Sie, dass sich Blütenteile in der Badewanne verteilen.

Ringelblumenseife

Die ätherischen Öle von Zitrone und Lemongras erfrischen Haut und Sinne mit ihrem aktivierenden Duft. Der beste Muntermacher für Haut und Körper beim morgendlichen Duschbad. Diese handgefertigte Naturseife ist cremig sanft, aromatisch, duftend, natürlich, unverfälscht und besonders mild. Und ganz nebenbei auch noch für jeden Hauttyp geeignet.

1 TL Ringelblumenblüten (getrocknet)

100 ml Wasser

250 g Seife (z.B. naturreine Olivenölseife aus dem Drogeriemarkt)

Saft von 1/2 Zitrone

5 Tropfen naturreines, ätherisches Öl (3 Tropfen Lemongras, 2 Tropfen Zitronenöl)

3 EL Olivenöl

ZUBEREITUNG

* Gießen Sie zunächst aus den Ringelblumenblüten und dem Wasser einen Ringelblumentee auf und lassen ihn 10 Minuten ziehen.

* Zerkleinern Sie die Seife auf einer Küchenreibe.

* Erwärmen Sie die geriebene Seife, den Tee und den Zitronensaft im Wasserbad, bis die Seife geschmolzen ist.

* Nun die ätherischen Öle hinzugeben. Wer mag, kann die Seife mit Lebensmittelfarbe einfärben.

* Das Olivenöl untermischen und gut durchrühren.

* Die Masse in einen mit Frischhaltefolie ausgekleideten Schuhkarton füllen und gut auskühlen und trocknen lassen.

* Nach 24 Stunden den Seifenblock aus dem Karton nehmen und in gleich große Stücke schneiden.

* Nach 6 – 8 Wochen sind die Seifen vollständig durchgetrocknet und können über mehrere Jahre hinweg aufbewahrt werden.

Lavendelseife

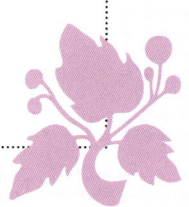

Diese wunderbar duftende Seife besteht aus duftig-frischem Lavendel und Apfelsaft. Parfümiert wird sie mit ätherischem, belebendem Lavendelöl und weckt so verborgene Kräfte von Groß und Klein und sorgt für gute Laune.

150 g Olivenölseife

60 ml Lavendeltee

30 ml Apfelsaft

1 EL tiefblaue Lavendelblüten

40 ml Zitronensaft

6 Tropfen naturreines, ätherisches Lavendelöl

ZUBEREITUNG

* Zerkleinern Sie die Olivenölseife mit einem Messer zu kleinen Flocken.

* Erwärmen Sie den Tee und den Apfelsaft mit den Seifenflocken im Wasserbad und rühren ihn zu einer homogenen Massen.

* Kurz abkühlen lassen, dann die Lavendelblüten, den Zitronen-saft und 6 Tropfen ätherisches Lavendelöl hinzufügen.

* Gießen Sie die Seifenmasse in eine Seifenform oder formen Sie mit der Hand kleine Kugeln und lassen sie trocknen.

Verpackung

Sehr hübsch sieht es aus, wenn Sie mit Plätzchenformen Figuren wie Schmetterlinge, Sterne, Blumen oder Herzen aus der Seifenmasse ausstechen. Streichen Sie die Masse dafür 3 cm dick auf ein Backpapier und stechen die Formen aus. Verpacken Sie die Seifen in Cellophanfolie und dekorieren Sie sie mit getrockneten Lavendelsträußchen oder violettem Geschenkband.

Pfingstrosen–Seifenherzen

Duftendes ätherisches Pfingstrosenöl lässt den Alltag vergessen und verführt in sinnliche Sphären! Für diese Seifenherzen wird handelsübliche Glycerinseife verwendet, die mit Honig und Pfingstrosenöl zu einer wunderbar pflegenden Körperseife wird.

300 g Glycerinseife opak

3 TL Mandelöl

2 TL Honig

3 TL naturreines, ätherisches Pfingstrosennöl

5 Tropfen Lebensmittelfarbe (hellrosa)

ZUBEREITUNG

* Geben Sie die Glycerinseife in eine Glas- oder Keramikschüssel und stellen Sie das Gefäß 2 bis 3 Minuten bei 400 bis 500 Watt in die Mikrowelle. (Alternativ können Sie die Seife auch im Wasserbad schmelzen. Achten Sie darauf, dass die Seife nicht kocht – ihr Schmelzpunkt liegt schon bei 60 Grad, sonst wird die Qualität vermindert.)

* Fügen Sie der geschmolzenen Rohseife das Mandelöl, den Honig, das Pfingstrosenöl und die Lebensmittelfarbe unter und rühren Sie kräftig durch.

* Gießen Sie nun die Seifenmasse in eine Seifengießform und lassen die Seife aushärten. Alternativ können Sie die Masse auch 3 cm dick auf ein Backpapier streichen und Figuren ausstechen. Mindestens 2 Wochen trocknen lassen.

Sanddornseife

Diese Sanddornseife ist eine reizfreie Pflanzenseife mit angenehmer Rückfettung. Nährreiche pflanzliche Rohstoffe pflegen besonders schonend und aufgrund zurückhaltender Schaumbildung reinigt diese Seife, ohne die Haut auszutrocknen. Sie spendet natürliche Pflege mit der sonnigen Kraft des Sanddornöls.

200 ml Mandelöl

Duftessenzen (z.B. Zitrone, Lavendel, Rose)

5 Tropfen Lebensmittelfarbe (orange)

2 dl Wasser

1 kg naturreine Seifenflocken

6 EL Sanddornmus

ZUBEREITUNG

* Erwärmen Sie das Mandelöl und parfümieren Sie es mit 30 bis 50 Tropfen Duftessenz – ganz nach Ihrem Geschmack.

* Erhitzen Sie das Wasser und lösen die Lebensmittelfarbe darin auf.

* Schmelzen Sie die Seifenflocken im Wasserbad und geben das Lebensmittelfarbe-Wasser-Gemisch hinzu.

* Nun das Mandelöl-Gemisch dazugeben und mit dem Sanddornmus mit einem Schneebesen zu einer glatten Masse verrühren. (Geben Sie einen Spritzer Zitronensaft hinzu, dann lässt sich die Seife besser verarbeiten.)

* Formen Sie von Hand kleine Seifenfiguren oder drücken Sie die Masse in passende Formen.

* Die Seife sollte mindestens 2 Wochen gut durchtrocknen, bevor sie verschenkt werden kann.

Rosenblüten-Duschgel

Braucht ein wenig Zeit

Für ca. 700 ml:

400 ml destilliertes Wasser

200 ml Mandel- oder Olivenöl

30 ml Panthenol (Apotheke)

1 TL Fluidlecithin (Apotheke)

100 ml Betain (Apotheke)

1 ml Xanthan (Apotheke)

Reiner Alkohol (Apotheke)

2 EL Salz

2 EL Honig

20 Tropfen Rosenöl

2 Tropfen Lebensmittelfarbe (rot)

Tauchen Sie in ein Meer duftender Rosen. Dieses mit Rosenöl parfümierte Duschgel verwandelt sich beim Kontakt mit Wasser in einen leichten, cremigen Schaum, der Ihre Haut sanft reinigt und mit zartem Duft umhüllt. Lassen Sie sich verwöhnen.

ZUBEREITUNG

* Geben Sie das destillierte Wasser zusammen mit dem Mandel- oder Olivenöl in eine Schüssel und verrühren es vorsichtig.

* Fügen Sie Panthenol, Fluidlecithin und Betain hinzu.

* Rühren Sie das Xanthan mit ein wenig Alkohol an, geben es hinzu und rühren alles vorsichtig untereinander, sodass es nicht schäumt.

* Salz, Honig und das Rosenöl hinzugeben und zum fertigen Duschgel verrühren.

* Wer mag, kann die Mischung mit Lebensmittelfarbe rot einfärben.

Erkältungsbadewürfel

Diese Erkältungsbadewürfel sind eine ganz spezielle Eigenkreation, auf die ich sehr stolz bin. Die ätherischen Öle wirken wunderbar beruhigend auf den Organismus, die Kakaobutter macht die Haut babyzart und weich. Genau das Richtige für Genießer.

Für 5 Stück:

150 g Kakaobutter

60 g Mandel- oder Olivenöl

Naturreines, ätherisches Öl (je 2 Tropfen Eukalyptus, Lavendel, Thymian, Latschenkiefer und Myrthe)

3 Tropfen Lebensmittelfarbe (grün)

ZUBEREITUNG

* Erwärmen Sie die Kakaobutter mit dem Öl im Wasserbad, bis sie geschmolzen ist.

* Rühren Sie die ätherischen Öle und die grüne Lebensmittelfarbe kräftig unter, sodass eine glatte, cremige Masse entsteht.

* Füllen Sie sie in viereckige Formen ab (Eiswürfelbehälter eignen sich besonders gut) und lassen die Badewürfel erkalten. Wenn Sie sie ins Eiswürfelfach stellen, geht dies besonders schnell.

Verpackung

Die einzelnen Badewürfel können hübsch in Cellophanpapier oder Naturpapier verpackt und mit Bast zusammengebunden werden. Ein kleiner Strauß frischer oder getrockneter Kräuter macht sie zu einem willkommenen Geschenk.

Omas Ringelblumensalbe

Ringelblumenblüten leuchten nicht nur fröhlich in Gelb und Orange, sie enthalten auch Wirkstoffe gegen unreine Haut und große Poren, wirken antibakteriell bei kleinen Hautverletzungen und unterstützen den Heilungsprozess oberflächlicher Schrammen und Schnitte. Dieses Rezept meiner Großmutter vereint diese Wirkweisen mit einer cremig-sanften Rezeptur.

Für ca. 70 ml:

50 g Ringelblumenköpfchen (getrocknet)

1 l Olivenöl

15 g Bienenwachs

5 Tropfen Propolis (aus der Apotheke oder direkt vom Imker)

ZUBEREITUNG

* Stellen Sie zunächst aus den Ringelblumenköpfchen und dem Öl einen Ölauszug her. Übergießen Sie dafür die Ringelblumenköpfchen in einem Weithalsgefäß mit 1 l bestem Olivenöl und lassen es 6 Wochen an einem hellen Ort (nicht in der prallen Sonne!) durchziehen.

* Danach sauber abseihen und in dunkle Fläschchen abfüllen.

* Für die Herstellung der Creme schmelzen Sie 100 ml Ringelblumenöl und das Bienenwachs im Wasserbad unter ständigem Rühren.

* Lassen Sie es etwas abkühlen, bis sich auf der Oberfläche eine ganz dünne Hautschicht bildet.

* Fügen Sie erst dann die Propolis hinzu und rühren nochmals kräftig durch, sodass eine cremige Masse entsteht.

* Füllen Sie die Creme in saubere Tiegel. Da kein Wasser in der Rezeptur enthalten ist, ist die Creme mindestens 1 Jahr haltbar.

Holunderblütencreme

Für ca. 5 Dosen à 60 ml:

15 g Bienenwachs

45 g Lanolin anhydrid
(Wollfett aus der Apotheke)

125 ml Weizenkeimöl

125 ml Holunderblütenwasser
(Apotheke / Reformhaus)

»Holder Holunder« – dieser alte Ausspruch passt sehr treffend auf diese wunderbare Creme, denn sie ist bei geröteter und gereizter Haut unglaublich besänftigend und für jeden Hauttyp geeignet.

ZUBEREITUNG

* Das Bienenwachs und das Lanolin in einem Wasserbad langsam schmelzen.

* Das Weizenkeimöl hinzugegeben und kräftig durchrühren.

* Tropfenweise das Holunderblütenwasser dazugeben und kräftig unterrühren.

* Füllen Sie die Creme sofort in saubere Tiegel ab und verschließen sie nach Erkalten. Wer es duftig mag, kann der Creme auch 2 bis 3 Tropfen Duftgeranienöl vor dem Abfüllen beimengen.

* Stellen Sie die Creme kühl und dunkel, dann ist sie mindestens 4 Monate haltbar.

Sahne-Honigbadecreme

Die beiden Hauptbestandteile dieser Creme – Öl und Sahne – pflegen die Haut und machen sie geschmeidig. Genießen Sie die Honigbadecreme nach einem langen anstrengenden Arbeitstag oder beschenken Sie eine gute Freundin. Sie werden sehen, beides lohnt sich auf jeden Fall.

Für ca. 60 ml:

1 EL Mandel- oder Olivenöl

50 ml Schlagsahne

6 EL Blütenhonig

1 TL Tensid (Apotheke)

2 bis 3 Tropfen ätherisches Öl (z. B. Lavendel- oder Rosenöl)

ZUBEREITUNG

* Rühren Sie das Öl mit einem Schneebesen in die Sahne ein.

* Heben Sie das Tensid (alternativ auch einen herkömmlichen Badezusatz) als Emulgator vorsichtig unter die Masse. Vorsicht, es könnte schäumen.

* Geben Sie das ätherische Öl zu der Creme, bis sich eine homogene Masse ergibt. In kleine Fläschchen abfüllen.

Mein Rat

Da sich in diesem Produkt keine Konservierungsmittel befinden, ist die sahnige Honigbadecreme nur begrenzt haltbar (4 bis 6 Wochen). Verschenken Sie sie doch gleich an Freunde und Bekannte oder nehmen Sie selbst ein entspannendes Bad.

Kartoffelbalsam

Raue, rissige Hände, die schmerzen und uns besonders im Winter zu schaffen machen – das kennt jeder. Für solche Fälle ist dieser Balsam genau das Richtige. Er macht Ihre Hände wieder zart und geschmeidig.

Für ca 5 Tiegel à 60 ml:

2 Kartoffeln

1 Stängel Rosmarin

5 Ringelblumenblüten

15 g Bienenwachs

45 g Lanolin anhydrid (Wollfett aus der Apotheke)

125 ml Olivenöl

125 ml kräftiger Teeaufguss (Kartoffeln, Rosmarin und Ringelblume)

ZUBEREITUNG

* Bereiten Sie zunächst einen Teeaufguss zu. Kochen Sie dafür 2 ungeschälte, zerkleinerte Kartoffeln ca. 20 Minuten und fügen dann den Rosmarin und die Ringelblumenblüten hinzu.

* Alles zusammen nochmals 5 Minuten zugedeckt kochen lassen. Danach sauber abseihen und zum Abkühlen zur Seite stellen.

* Geben Sie das Bienenwachs und das Lanolin ins Wasserbad und schmelzen Sie die Masse.

* Langsam das Olivenöl zugießen und mit einem Schneebesen kräftig durchrühren.

* Sobald die Masse etwas abgekühlt ist, tropfenweise den Teeaufguss hinzugeben. Dabei immer kräftig rühren.

* Füllen Sie die Masse noch warm in Cremetiegel und verschließen diese nach dem Abkühlen gut.

* Da für diese Creme keine Konservierungsmittel verwendet werden, ist sie rund 1 Monat haltbar.

Orangenöl-Bodylotion mit Zitronengras

Diese Bodylotion mit feinem Orangenöl und frischem Zitronengras vertreibt Stress und Anspannung mit ihrem hellen, sommerlichen Duft. Ätherische Öle von Orange, Zitronengras und Grapefruit verbreiten sonnige Stimmung und machen die Haut zart rosig und weich.

Für ca. 160 ml:

7 g Kokosfett

5 g Bienenwachs

45 g Jojobaöl

75 ml Rosen- oder Orangen-blütenwasser (Apotheke)

5 ml kosmetisches Basiswasser (Apotheke)

20 ml Alkohol (80 %) (Apotheke)

Naturreines, ätherisches Öl (je 2 Tropfen Orange, Zitronengras und Grapefruit)

ZUBEREITUNG

* Geben Sie Kokosfett, Bienenwachs und Jojobaöl in ein Wasserbad und schmelzen die Zutaten vorsichtig.

* Portionsweise und vorsichtig das Rosen- oder Orangenblütenwasser und das Basiswasser untermixen, damit die Emulsion Zeit hat, dieses zu binden.

* Mit ein wenig Geduld gewinnt die Lotion eine cremige Konsistenz. Nun den Alkohol und die ätherischen Öle untermischen.

* Füllen Sie die Lotion in hohe Glasflaschen oder kleine Tiegel.

Verpackung

Kokosfett, Bienenwachs und Jojobaöl wirken zusammen emulgierend und sind besonders im Winter ein wunderbar wärmendes Creme-Erlebnis. Verschenken Sie die Orangenöl-Bodylotion verpackt in einem Korb aus Naturbast und dekoriert mit einigen winterlichen Zweigen oder Tannengrün zu Weihnachten.

Kräuterhäschen

Geschenk für Kinder

Naturfarbener Leinenstoff

Bunter Stoffrest für das Halstuch

*Duftende Kräuter
(z.B. Kamille, Lavendel, Hopfen,
Rosenblüten)*

Das schnell genähte Kuschelhäschen sorgt gefüllt mit einschlaffördernden Wildkräutern für eine ruhige, erholsame Nacht. Die Bettwärme genügt, um die ätherischen Öle der Kräuter freizusetzen. Sie wirken im Stillen, dafür umso wertvoller.

ZUBEREITUNG

* Zeichnen Sie auf dem Leinenstoff den Umriss eines Hasen an und schneiden ihn in doppelter Ausführung (mit 1 cm Nahtzugabe) aus.

* Nähen Sie beide Teile zusammen, lassen jedoch die Unterseite zum Befüllen noch offen.

* Für die Augen dienen zwei passende Knöpfe, die sich leicht annähen lassen.

* Schneiden Sie das Halstuch grob zu und binden es einfach um.

* Die Kräuter sollten im getrockneten Zustand verarbeitet werden. Füllen Sie sie in das Häschen und nähen Sie die Unterseite zu.

Mein Rat

Anstelle einer duftenden Kräutermischung können Sie das Häschen auch mit Dinkelspelz oder Weizenkörnern befüllen, im Backofen aufwärmen und als Wärmflasche verwenden.

Kirschkernkissen

Kirschkerne sind ein altes und bewährtes Hausmittel.
Sie speichern Wärme über eine lange Zeitspanne und sind so
wohltuend für kalte Füße oder einen schmerzenden Magen.
Legen Sie das Kissen bei höchstens 150 Grad in den Backofen
oder bei geringerem Wärmebedarf einfach auf einen Heizkörper.

Stoffreste

*1000 g Kirschkerne
(aus dem Reformhaus)*

*Duftende Kräuter
(z. B. Lavendel, Melisse, Minze)*

ZUBEREITUNG

* Schneiden Sie aus einem hübschen Stoffrest die Umrisse einer
Wärmflasche in doppelter Ausführung aus.

* Nähen Sie alle Seiten bis auf die Unterseite zu.

* Mischen Sie die getrockneten Kräuter großzügig mit den
Kirschkernen, befüllen das Kissen und nähen vorsichtig auch
die Unterseite zu.

Mein Rat

*Soll Ihr Kirschkernkissen einen zarten Duft verströmen, brauchen Sie der Kirschkernfüllung
nur 3 EL getrocknete Lavendelblüten und 5 EL getrocknete Zitronenmelisse beimengen.
Beim Erwärmen entfalten sich die duftenden Aromastoffe der Kräuter, die beruhigend und
schlaffördernd wirken.*

Lavendel-Duftkissen

Bunte oder einfarbige Stoffreste

100 g Zedernholz (geraspelt)

200 g Lavendel

50 g Nelken

*5 Tropfen naturreines, ätherisches
Patscholiöl*

Die Provence im Süden Frankreichs ist berühmt für ihre tief-
blauen und wunderbar duftenden Lavendelfelder. Diesen Duft
können Sie mithilfe eines Duftkissens oder schnell genähter
Duftsäckchen einfangen – und ganz nebenbei vertreiben sie
zusammen mit den richtigen Kräutern und Gewürzen garantiert
alle Motten im Kleiderschrank.

ZUBEREITUNG

* Aus den Stoffresten werden 2 Vierecke in der Größe 20 cm ×
20 cm ausgeschnitten.

* Nähen Sie diese an drei Seiten zusammen.

* Mischen Sie Zedernholz, getrockneten Lavendel und getrocknete Nelken und heben das Patschuliöl unter.

* Befüllen Sie das Säckchen mit den Duftkräutern und nähen es
an der Unterseite zusammen.

* Nähen Sie ein dekoratives Band oder eine Herz-Applikation
auf – Ihrer Fantasie sind keine Grenzen gesetzt.

Kräuter-Portraits

Apfelminze
Mentha gentilis

Bärlauch
Allium ursinum

Basilikum
Ocimum basilicum

Beschreibung: Apfelminze, auch milde Minze genannt, ist eine ausdauernde, bis 70 cm hohe Pflanze. Die ovalen bzw. abgerundeten hellgrünen, flauschig behaarten Blätter verströmen einen starken Minze- und Apfelduft.
Standort: Sie liebt halbschattige bis mäßig sonnige Standorte mit humosem Boden.
Blüte: Apfelminze blüht von Juli bis September mit rosa bis lila Blütenrispen.
Ernte: Frische Blätter können den ganzen Sommer über einfach abgezupft werden. Zum Trocknen schneidet man Triebe kurz vor der Blüte ab und legt sie in die Sonne.
Verwendung: Apfelminze speichert ihre ätherischen Öle vor allem in den Blättern, die als Zusatz für viele Teesorten verwendet werden. Die frischen Blätter eignen sich aber auch sehr gut als Zutat für Gewürzessig, Bowle und Kräuterliköre oder zur Anfertigung von Duftsträußen, Potpourris oder in der Naturkosmetik.

Beschreibung: Bärlauch ist eine ausdauernde, krautig wachsende Pflanze, die eine Wuchshöhe von 20 bis 50 cm erreicht. Aus ihrer Zwiebel entspringen im Frühjahr zwei lanzettförmige Blätter. Alle Teile der Pflanze riechen stark knoblauchartig.
Standort: Er liebt schattige, nährstoffreiche, lockere und feuchte Böden, kommt häufig an den Rändern von Laubwäldern vor, kann aber auch gut im Garten gezogen werden.
Blüte: Ab Juni bringt er weiße, sternförmige Blüten in einem doldigen Blütenstand hervor.
Ernte: Man erntet die Blätter vor der Blüte im Mai und Juni.
Verwendung: Bärlauch wirkt entzündungshemmend und entschlackend und kurbelt den Stoffwechsel an. Die Blätter eignen sich hervorragend zur Zubereitung von Quark, Mayonnaisen, Pesto oder in Kräuter-Essigen, gekocht auch als Zutat in Gemüse – oder Wildkräutersuppen. Fein geschnitten können Sie ihn gut aufs Butterbrot streuen.

Beschreibung: Basilikum wächst als aufrechte, recht buschige, krautige Pflanze, die Wuchshöhen von 20 bis 60 cm erreicht. Sie duftet aromatisch. Die zahlreichen Kulturformen unterscheiden sich in Blattfarbe, Größe, Aroma, Wachstumsart und Ansprüchen.
Standort: Er benötigt lockere, wasserdurchlässige Erde und einen warmen Platz.
Blüte: Die Blütezeit reicht hauptsächlich von Juni bis September. Basilikum blüht mit weißen bis rosafarbenen Blüten.
Ernte: Die oberen Triebe können regelmäßig abgeknipst werden, dann verzweigt sich der Basilikum an der Stelle und wächst buschig nach.
Verwendung: Der kräftig würzige aromatische Geschmack passt gut zu Salaten, Tomatengerichten, Pasta und Pizza, in Kräuteröle und für Pesto, die Blätter sollten aber niemals mitgekocht werden. Beim Trocknen verliert er sein Aroma; besser einfrieren.

Brennnessel
Urtica dioica

Beschreibung: Die krautige Pflanze erreicht je nach Art eine Wuchshöhe von 10 bis 150 cm und hat mit Brenn- und Borstenhaaren besetzte Stängel.
Standort: Die Brennnessel wächst sowohl an sonnigen als auch an schattigen Standorten. Sie liebt feuchte, humose, nährstoffreiche Böden.
Blüte: Die unauffälligen Blüten sind weiß, teilweise auch blass-violett und locken von Juni bis Oktober viele kleine Insekten an.
Ernte: Junge Blätter und Triebspitzen, die noch nicht brennen, können von Mai bis Juli geerntet werden. Was man nicht direkt verarbeitet, wird in lockere Sträuße gebündelt zum Trocknen aufgehängt.
Verwendung: Brennnessel wirkt harntreibend, stark appetitanregend und fördert die Blutbildung. Frisch kann sie fein geschnitten in Salaten, Quark- und Käsezubereitungen verwendet und als Tee zubereitet werden. Auch als feine Suppe oder Spinat, der mit Schmand verfeinert wird, schmeckt Brennnessel vorzüglich.

Fenchel
Foeniculum vulgare

Beschreibung: Der bis 200 cm hoch wachsende Fenchel riecht leicht würzig nach Anis. Die Pflanze bildet knollenähnliche Zwiebeln, ihre stielrunden Stängel sind kahl.
Standort: Fenchel ist ursprünglich im Mittelmeerraum heimisch. Er mag sonnige, warme Standorte mit lockeren, nicht zu alkalischen, durchlässigen Böden und eine gute Wasserversorgung.
Blüte: Ab Juni bis in den Oktober blüht Fenchel in gelben Dolden.
Ernte: Im Mai und Juni können die zarten Sprösslinge des Fenchels geerntet werden, später auch das würzige Laub. Die gelblichen Samen sind reif ab Spätsommer, die Knollen erntet man bis zum Oktober.
Verwendung: Fenchel wirkt krampflösend, appetitanregend und verdauungsfördernd. Die aromatischen, etwas bitteren und leicht süßlichen Knollen sind schmackhaft in Salaten oder als Gemüsegericht und traditionell zu Fisch. Aus den Samen lässt sich Tee zubereiten.

Gänseblümchen
Bellis perennis

Beschreibung: Ein schlichter, bis 15 cm langer Stängel trägt den gelben Blütenkopf mit weißen Zungenblüten und kleinen, ovalen Blättern. Einige Züchtungen blühen mit rosafarbenem Rand oder sind gefüllt.
Standort: Das Gänseblümchen wächst vorzugsweise auf nährstoffarmen Böden und mag einen sonnigen bis halbschattigen Standort.
Blüte: Die Blütezeit erstreckt sich in milden Wintern von Januar bis oft weit in den Oktober hinein. Nachts und bei schlechtem Wetter schließt sich der Blütenkorb.
Ernte: Das ganze Jahr über können Blütenköpfe wie Blätter geerntet werden.
Verwendung: Gänseblümchen sind bekannt für ihre blutreinigende Wirkung, haben schleimlösende, auswurffördernde, leicht abführende und schmerzlindernde Eigenschaften. Die Blüten eignen sich gut für Frühlingssalate und Suppen, die ganze Pflanze kann zu Tee oder Salben verarbeitet werden.

Holunder
Sambucus nigra

Kamille
Matricaria chamomilla

Kümmel
Carum carvi

Beschreibung: Im Frühling trägt der Holunder weiße Dolden, die sogenannten Hollerblüten, im Herbst blauschwarze Beeren. Er wächst üppig als Strauch.

Standort: Der Holunder ist pflegeleicht, freut sich über sonnig bis halbschattige Standorte.

Blüte: Die Blütezeit leitet den Frühling ein und erstreckt sich je nach Witterung von April bis Ende Mai. Die Dolden verströmen einen süßen Duft.

Ernte: Im Frühling werden die Blütendolden, im Herbst die Beeren geerntet.

Verwendung: Aus den Hollerblüten kann man ganz einfach leckeren Sirup oder Hollersekt herstellen, aus den Früchten Marmeladen und Aufstriche. Besonders harmonische Kombinationen ergeben sich mit säuerlichen Äpfeln und Zwetschgen. Die schwarzen Beeren enthalten viel Vitamin C, sind aber roh giftig. Bitte vor dem Verzehr immer auf mindestens 100 Grad erwärmen.

Beschreibung: Die Kamille ist eine einjährige, aufrecht wachsende Pflanze, die bis zu 30 cm hoch werden kann.

Standort: An Weg- und Wiesenrändern, ist aber auch ganz einfach in Behältern und auf Rasenflächen anzusiedeln.

Blüte: Die weißen Blüten mit gelber, erhabener Mitte blühen von Juli bis August. Die 3- bis 4-fach gefiederten Blätter findet man in verschiedenen Grüntönen.

Ernte: Sobald die kleinen Blütenköpfchen voll aufgeblüht sind, werden sie geerntet und getrocknet.

Verwendung: Die Kamille hat eine leicht antibakterielle und heilungsfördernde Wirkung. Kamillentee eignet sich ausgezeichnet zur Behandlung von Entzündungen im Mund- und Rachenraum. Ich möchte an dieser Stelle darauf hinweisen, dass man die Kamille bei Magen- und Darmbeschwerden NICHT anwenden sollte, da die Magenschleimhäute vieler Menschen auf sie allergisch reagieren.

Beschreibung: Im ersten Jahr entwickelt der Kümmel eine fleischige, möhrenartig riechende Wurzel und eine unscheinbare Blattrosette. Erst im darauffolgenden Jahr wächst daraus ein bis zu 1 m hoher Stängel.

Standort: Kümmel wächst selbst in rauen Lagen. Besonders gut gedeiht er in tiefgründigen, nährstoffreichen und kalkhaltigen Böden. Halbschatten verträgt er genauso gut wie volle Sonne.

Blüte: Auf starke Dolden mit kleinen weißen bis hin zu rosafarbenen Blüten folgen aromatische Früchte.

Ernte: Wenn sich die Dolden braun färben, werden sie abgeschnitten und im Schatten getrocknet. Ist der Samen trocken, wird er aus den Dolden geschüttelt.

Verwendung: Kümmel enthält das ätherische Öl Carvon, das allein durch seinen wunderbaren Duft den Magen anregt, Säure zu produzieren, und somit zu einer besseren Verdauung beiträgt. Er wirkt entkrampfend und keimtötend.

Lavendel
Lavendula angustifoliae

Löwenzahn
Taracacum officinale

Majoran
Origanum majorana

Beschreibung: Der Lavendel ist eine sehr buschige, schnell wachsende und mehrjährige Pflanze, die ohne Weiteres eine Höhe von bis zu einem Meter erreichen kann.

Standort: Er ist eine sehr genügsame Pflanze, die am liebsten in steinigem Boden steht und keine großen Ansprüche an Gießwasser und Düngergabe stellt.

Blüte: Die wunderbar duftenden Blüten reichen von Hell- über Mittel- bis hin zu einem satten Dunkelviolett und sind ein beliebter Treffpunkt für Bienen und Schmetterlinge.

Ernte: Um bei Lavendelblüten Duft und Farbe zu erhalten, sollte man sie ernten und trocknen, bevor sie ganz aufgeblüht sind.

Verwendung: Lavendel duftet nicht nur aromatisch, er ist auch eine uralte Heilpflanze, die bei Kopfschmerzen wunderbar hilft, denn die Inhaltsstoffe wirken durchblutungsfördernd und krampflösend. Bei müden Augen, Krampfadern und unreiner Haut helfen Lavendelumschläge.

Beschreibung: Mehrjährige Pflanze mit kräftiger Pfahlwurzel und einer Blattrosette aus gezahnten bis gelappten Blättern.

Standort: Löwenzahn ist eine sehr weitverbreitete Pflanze, man findet ihn in Gärten, auf Wiesen, an Wegrändern und auf Brachland – kurz gesagt überall.

Blüte: Die goldgelben Blüten erscheinen von April bis Ende Juni. Anschließend bilden sich die Samenstände.

Ernte: Der beste Sammelzeitpunkt ist das Frühjahr, wobei ich empfehle, die gesamte Pflanze zu verwenden, denn der wirksamste Bestandteil ist der Bitterstoff Taracacin, der im Kraut sowie in der Wurzel vorhanden ist.

Verwendung: Seine wertvollen Inhaltsstoffe regen die Verdauung an, sind galle- und harntreibend, leicht blutdrucksenkend und regen den Stoffwechsel an. Junge Löwenzahnblätter schmecken wunderbar im Salat, die Blüten können zu Likören, Marmeladen und Gelees verarbeitet werden.

Beschreibung: Der Majoran ist eine buschige, horstbildende Pflanze, die eine Höhe von bis zu 60 cm erreichen kann. Er ist seinem mediterranen Vetter, dem Oregano, sehr ähnlich. Man kann beide aber an der Blattform und der Blütenfarbe leicht unterscheiden.

Standort: Majoran stellt keine besonderen Ansprüche an den Boden, ist aber ertragreicher auf humusreichem, lockerem Sand- oder Lehmboden und mag einen sonnigen bis halbschattigen Platz.

Blüte: Vom Spätsommer an trägt der Majoran unscheinbare weiße bis hellrosa Blütchen.

Ernte: Ab Mitte April können bis in den Spätsommer hinein die Triebe und Blätter des gesamten Krautes geerntet werden. Das meiste Aroma hat der Majoran während der Blütezeit.

Verwendung: Köstliche Würze für vielerlei Gerichte wie Kartoffelsuppe, Hühnchen, Gemüse, Salate, Rohkost und Saucen.

Minze
Mentha

Oregano
Oregano vulgare

Ringelblume
Calendula officinalis

Beschreibung: Die Minze ist eine je nach Sorte aufrecht wachsende oder kriechende mehrjährige und in der Tat unverwüstliche Pflanze. Sie wird zwischen 30 und 60 cm hoch.

Standort: Nicht zu sonnige, warme Lage, vor Gehölzen auch leicht schattig. Leichter, humusreicher, kalkiger Lehmboden, auch moorig, feucht. Wärme fördert das Aroma, Hitze verträgt sie nicht gut.

Blüte: Die violetten bis rötlich lilafarbigen Blüten sitzen auf rötlichen bzw. grünen kräftigen Stängeln.

Ernte: Geerntet wird, sobald sich die Blütenknospen zeigen, am besten zur Mittagszeit bei Sonnenschein, dann ist der Anteil an ätherischen Ölen in den Blättern am höchsten.

Verwendung: Alle Minzarten wirken wunderbar appetitanregend, lindern Magen-Darm-Beschwerden, sind krampflösend und desinfizierend. Die jungen Minzeblätter können zur Aromatisierung in Marmeladen oder Gelees gegeben werden, eignen sich auch zur Befüllung von Duftkissen.

Beschreibung: Der Oregano ist eine buschige, horstbildende Pflanze die bis zu 60 cm hoch und ebenso breit werden kann. Im Herbst sollten Sie die Pflanze unbedingt zurückschneiden, damit sie im Zaum gehalten werden kann.

Standort: Obwohl der Oregano ein richtiger Südländer ist, fühlt er sich auch in unseren Gefilden sehr wohl. Er liebt durchlässigen sandigen Boden und kommt mit wenig Wasser und hin und wieder einer kleinen Düngergabe hervorragend zurecht.

Blüte: Die hellvioletten Blüten locken viele nützliche Insekten an. Besonders die Bienen und Schmetterlinge wissen den mediterranen Geschmack zu schätzen.

Ernte: Das ganze Kräuterjahr über können Sie die jungen Triebe ernten und in der Küche oder als Magentee verwenden.

Verwendung: Kein aromatisches Kraut passt besser zu Salaten, Spaghetti, auf die Pizza, in Suppen, zu Fisch und überhaupt zu allen italienischen Gerichten.

Beschreibung: Die Ringelblume ist eine aufrecht wachsende, einjährige Heilpflanze, die je nach Sorte bis zu 50 cm hoch werden kann und zur großen Familie der Korbblütler gehört.

Standort: Die unproblematische Ringelblume liebt vollsonnige, humose Böden, gedeiht aber auch gut an weniger optimalen Standorten. Sie sät sich jedes Jahr von selbst wieder aus.

Blüte: Die Blütenfarbe reicht von einem matten Gelb über ein kräftiges Dottergelb bis hin zu einem leuchtenden Orange. Die Blütezeit dauert vom Frühsommer bis September.

Ernte: Die Blüten und jungen Blätter werden den ganzen Sommer über während der Blütezeit geerntet.

Verwendung: Die Blätter können Sie klein gehackt Salaten und Aufstrichen beimischen. Die Blütenblätter werden zu Tees oder Ringelblumensalben verarbeitet. Meine Großmutter verwendete Ringelblumenblüten als billigen, aber wirkungsvollen Safranersatz, der auch wunderbar gelb färbt.

Rosmarin
Rosmarinus officinalis

Beschreibung: Der Rosmarin ist eine wunderschöne, buschig aufrecht wachsende, generell mehrjährige Pflanze. Ältere Exemplare können ohne Weiteres bis zu 1,5 m hoch werden.
Standort: Da Rosmarin aus dem sonnigen Süden stammt, liebt er geschützte, sonnige, warme und durchlässige Böden. Er braucht einen passenden Winterschutz oder wird besser im Topf im Haus überwintert.
Blüte: Er besitzt duftende, kleine hellviolette Blüten, die von Mai bis Anfang Juni blühen. Sie sind eine wunderbare Dekoration für Salate und Suppen, die auch noch köstlich schmecken.
Ernte: Geerntet werden die frischen Nadeln und die jungen Triebspitzen, auch im Winterquartier.
Verwendung: Rosmarin passt hervorragend zu Gemüsesuppen und allen Gerichten, die einen mediterranen Geschmack haben sollen. Außerdem zu Hühnchen, Kräutersaucen, in Kräuteressige, im Kräutersalz oder ganz einfach fein gehackt aufs Butterbrot.

Salbei
Salvia officinalise

Beschreibung: Ältere Stauden können eine beachtliche Höhe von bis zu 70 cm erreichen. Die wollig behaarten Blätter gibt es von tiefgrün über hellgrün, gräulich bis hin zu weiß/grün.
Standort: Salbei mag einen trockenen, sonnigen Platz. Man sollte Salbei nicht länger als 5–7 Jahre am selben Standort belassen, da er sonst verkümmert.
Blüte: Salbei blüht je nach Sorte von Violett bis hin zu einem kräftigen Blau. Die Blüten haben keine Heilwirkung, eignen sich aber als bunte Dekoration für Frischkäse, im Kräuteressig oder in Salaten.
Ernte: Die jungen Blättchen können das ganze Jahr über geerntet werden. In den milden Wintermonaten behalten sie Aroma und ätherische Öle.
Verwendung: Schmeckt hervorragend zu Geflügel (vor allem zu Hähnchen und Ente), Meeresfisch, in Eintöpfen, im Kräutersalz, in Kräuteressigen oder im Verdauungsschnaps.

Sanddorn
Hippophae rhamnoides

Beschreibung: Sanddorn wächst strauchförmig auf eine Größe bis zu 3 m. Die Zweige bilden silberne oder bronzefarbene Kurztriebe.
Standort: Der Sanddorn liebt sonnige und vor allem sandige, gut durchlässige Böden und Kiesböden.
Blüte: Die Blüten sind beim Sanddorn unscheinbar weiß, von großem Wert aber die aromatischen, leicht sauren, wunderschön leuchtend orangfarbenen Früchte, die auch ein Leckerbissen für unsere heimische Vogelwelt sind.
Ernte: Die Früchte werden im Spätherbst geerntet und umgehend verarbeitet, da sie schnell matschig werden.
Verwendung: Die Sanddornfrüchte können allein oder zusammen mit Äpfeln, Birnen oder Orangen zu köstlichen Marmeladen, Säften usw. verarbeitet werden. Im Winter ist heißer Sanddornsaft mit Honig ein Geheimtipp zum Aufwärmen in der Erkältungszeit und aufgrund des hohen Vitamingehaltes gut geeignet zum Gesundbleiben.

Spitzwegerich
Plantago lanceolata

Beschreibung: Der Spitzwegerich ist in einer großen Auswahl an Arten und Formen vertreten. Am wirkungsvollsten ist der Spitzwegerich mit seinen schmalen langen und längs gerillten Blättern.

Standort: Die ausdauernde und pflegeleichte Wildpflanze wächst mit Vorliebe auf trockenen Wiesen und an Wegrändern, ist aber ganz einfach im eigenen Garten einzubürgern.

Blüte: Bräunliche bis graubraune Samenstände auf langen, starken Stängeln. Die Samenstände haben weder Heilwirkung noch Geschmack.

Ernte: Die Blätter in der Wachstumszeit von April bis Ende September vor der Blüte schneiden und dann frisch weiterverwenden.

Verwendung: Der Spitzwegerich ist ein uraltes Hausmittel bei Husten, denn er ist schleimlösend, auswurffördernd, aber auch wundheilend, verdauungsfördernd und leicht antibiotisch. Aus diesem Grund wird er auch gerne in Kräuteressige oder im Kräutersalz eingearbeitet.

Thymian
Thymus vulgaris

Beschreibung: Der Thymian wächst mehrjährig kompakt-buschig an fast jedem sonnigen Plätzchen. Er wird je nach Sorte bis zu 30 cm hoch und breitet sich als Bodendecker gerne etwas aus. Es gibt eine Vielzahl von Thymian-Züchtungen – von Zitronen- über Orangen-Thymian bis hin zu leicht nach Minze duftenden Pflanzen.

Standort: Der Thymian bevorzugt trockene, steinige Standorte und ist sehr anspruchslos – eine wunderbare Bepflanzungsidee für Steingärten. Bitte beachten Sie: Niemals Thymian neben Majoran setzen, da sich beide nicht gut vertragen.

Blüte: Seine hellvioletten, weißen oder blassrosa Blüten erscheinen von Juli bis September.

Ernte: Thymian kann man praktisch das ganze Jahr über frisch ernten, auch im milden Winter.

Verwendung: Thymian passt hervorragend zu Schweinebraten, Geflügel, Saucen, zu Kartoffelgerichten, Gemüsesuppen, Rohkost, Tomaten, Salaten und Fleisch.

Veilchen
Viola

Beschreibung: Das Veilchen ist eine mehrjähriges, krautiges Blümchen, das zu kleinen Halbsträuchern heranwachsen kann und als einer der ersten Frühlingsboten zu entdecken ist.

Standort: Sonnig, geschützt, humoser, eher nährstoffreicher, aber doch durchlässiger Boden.

Blüte: Die meisten Veilchen haben nieren- oder herzförmige Blätter, deren Farben von Creme-Violett bis zu einem kräftigen Lila-Gelb reichen. Die Blütenblätter sind herzförmig geformt.

Ernte: Die Blüten werden je nach Witterung von Ende April bis Ende Juni geerntet. Achten Sie aber bitte darauf, noch einige Veilchen stehen zu lassen, damit sie sich brav vermehren.

Verwendung: Die lieblich duftenden Blüten des Veilchens können zur Aromatisierung von Zucker, Honig, Likör, kandierte Veilchenblüten als Konfekt verwendet werden. Die kandierten Blüten passen gut zu Schokolade.

Wildrose
Rosa canina

Beschreibung: Die Wildrose (Hundsrose) wächst als ausladender, aufrechter Strauch und bildet lange, überhängende Äste und Zweige, die Stacheln sind kräftig und hakig. Sie kann am richtigen Standort zwischen 2 und 4 m hoch werden.
Standort: Die Wildrose liebt sonnige Fleckchen im Garten oder auch einen Platz an der Hausmauer.
Blüte: An den Sträuchern sitzen sehr viele weiße bis hellrosa Blüten, die nur wenige Tage geöffnet sind.
Ernte: Interessant bei dieser Pflanze sind die Früchte, die sogenannten Hagebutten. Die Reifung erfolgt im Vergleich zu anderen Rosen relativ spät ab Oktober.
Verwendung: Die Hagebutten enthalten eine Vielzahl an Vitaminen, allen voran das wertvolle Vitamin C und Mineralstoffe. Die Früchte werden auch mit Zucker und anderen Früchten eingekocht zu Sirup verarbeiten oder mit Kandiszucker und Schnaps oder Wodka zu Likör angesetzt.

Zitronenmelisse
Melissa officinalis

Beschreibung: Die Zitronenmelisse ist eine buschige und aufrecht wachsende mehrjährige Pflanze. Sie wird bis zu 70 cm hoch. Die Blätter sind je nach Standort hell- bis dunkelgrün, leicht gezackt und spitz zulaufend. Duft und Geschmack erinnern an reife Zitronen.
Standort: Die Zitronenmelisse ist eine pflegeleichte Pflanze, die ohne große Ansprüche gedeiht. Ihr berühmtes Aroma entwickelt sie nur an einem vollsonnigen Standort. Im Herbst die gesamte Pflanze radikal in Bodenhöhe abschneiden, da sie sonst Horste bildet.
Blüte: Ihre eher unscheinbaren weißen Blüten erscheinen von Ende Mai bis in den August hinein.
Ernte: Die Zitronenmelisse kann von Juni bis spät in den Herbst hinein geerntet werden.
Verwendung: Zitronenmelisse passt nicht nur zu Süßspeisen und Desserts, sondern eignet sich auch wunderbar für Kräuteressig, Kräuteröl und Kräutersalz.

Zitronenverbene
Aloysia citriodora

Beschreibung: Die Zitronenverbene ist ein außergewöhnlich duftender Teestrauch, der zwischen 2 und 6 m hoch wird. Die meisten Pflanzenteile duften intensiv nach Zitrone.
Standort: Der Strauch sollte im Kübel gehalten werden, da er nicht winterhart ist. Er benötigt einen warmen, sonnigen, windgeschützten Platz.
Blüte: Die ährigen Blütenstände weisen eine Länge bis zu 25 cm auf und sind im Schaft wollig behaart.
Ernte: Am besten erntet man im Sommer an einem sonnigen Tag. Die Blätter trocknen aufgrund ihres geringen Wassergehaltes sehr schnell und werden am besten lichtgeschützt in Gläsern aufbewahrt.
Verwendung: In ihrem Heimatland Frankreich ist die Verbene als Haustee sehr beliebt. Frisches oder getrocknetes Kraut ergibt einen erfrischenden Tee. Die Blätter eignen sich auch als leckeres Würzkraut für Obstsalat, und Eis. Die Inhaltsstoffe haben eine stimmungsaufheiternde und belebende Wirkung.

Adressen, die Ihnen weiterhelfen

Kräutergärtnereien

Flowergroup
Schönbacher Str. 25
02708 Lawalde
Tel. 0 35 85 / 40 37 38
www.pflanzenreich.com

Rühlemann's
Kräuter & Duftpflanzen
Auf dem Berg 2
27367 Horstedt
Tel. 0 42 88 / 92 85 58
www.kraeuter-und-duftpflanzen.de

Calendula Kräuter Garten®
Storchshalde 200
70378 Stuttgart-Mühlhausen
Tel. 07 11 / 53 06 94 73
www.calendula-kraeutergarten.de

Syringa
Duftpflanzen und Kräuter
Bachstr. 7
78247 Hilzingen-Binningen
Tel. 0 77 39 / 14 52
www.syringa-pflanzen.de

Österreich

Gartenbau Wagner
Gutendorf 36
A-8353 Karpfendorf
www.gartenbauwagner.at

Zubehör und kosmetische Grundstoffe

Gläser und Flaschen GmbH
Altonaer Str. 84-90
13581 Berlin
Tel. 0 30 / 33 77 88 33
www.glaeserundflaschen.de

Spinnrad GmbH
Kurhausstr. 2
23795 Bad Segeberg
Tel. 0 45 51 / 80 86 00
www.spinnrad.de

Meine Kosmetik
Inh. Sandra Ann Paul
In der Kirchenwies 10
54441 Kanzem
Tel. 0 65 01 / 9 69 88 25
www.meinekosmetik.de

Oberhexenshop
Gabi Tingler
Marxstr. 17
78628 Rottweil
Tel. 07 41 / 1 51 94
www.oberhexe.com

Österreich

Kosmetikmacherei
Petra Doleschalek
Florianigasse 75
A-1080 Wien
Tel. 00 43 / 14 07 03 93
www.kosmetikmacherei.at

Art of Beauty

Hitzenberger Veronika
Dr.-Salzmann-Str. 8-10
A-4600 Wels
Tel. 00 43 / 7 24 25 72 26
www.art-of-beauty.at

Bonbon- und Kuchenformen

Backformen-Silikon.de
Am Bach 9
93349 Mindelstetten
Tel. 0 84 04 / 9 39 38 43
www.backformen-silikon.de

Literatur

Doleschalek, Petra. Kosmetikmacherei: Im Handumdrehen zur eigenen Creme, BOD 2007

Költringer, Claudia: Altes Kräuterwissen: Anbauen, ernten und verwenden, BLV Buchverlag 2010

Kreuter, Marie-Luise: Kräuter und Gewürze aus dem eigenen Garten, BLV Buchverlag 2009

Nack, Christina: Angesetzt: Essig und Öl selber ansetzen und aromatisieren, Av Buch 2009

Schaaf, Anne: Seifenwerkstatt: Pflegende Naturseifen aus eigener Küche, Frech 2009

Sulzberger, Robert: Bauerngärten. Anlegen und Gestalten, BLV Buchverlag 2005

Stichwortverzeichnis

Stichwortverzeichnis

ÜBER DIE AUTORIN

Claudia Költringer stammt aus einer kräuterkundigen Familie und ist in Österreich durch zahlreiche Zeitungs-, Zeitschriften- und Hörfunkbeiträge (ORF, Radio Salzburg etc.) sowie durch ihr »Hex'n Ladl«, in dem sie seit nunmehr 7 Jahren eigene Kräuter- und diverse Naturprodukte verkauft, bekannt. Sie betreibt dazu einen großen Kräutergarten, aus dem die Kräuter für eine Vielzahl ihrer Produkte stammen. Außerdem bietet sie Kräuterwanderungen, Kurse (z. B. Naturkosmetik selbst gemacht) und Vorträge zum Thema Kräuter an. Weiter Informationen unter: www.hexnladl.com

ÜBER DIE FOTOGRAFIN

Anneliese Kompatscher, in Südtirol geboren, lebt und arbeitet als selbstständige Fotografin seit über 25 Jahren bei München auf dem Land. Ihre ästhetischen und liebevoll komponierten Bilder kommen hauptsächlich im redaktionellen Bereich zum Einsatz. Ihre Schwerpunktthemen sind: Lifestyle, Food, Gärten, Natur und Kinder. Weitere Informationen unter: www.anneliese-kompatscher.de

Bildnachweis:
Alle Fotos von Anneliese Kompatscher, außer:
felinda-Fotolia.com: 135l;
GBA/Noun: 132; GAP Photos/Victoria Firmston: 12; Költringer: 7; Laux: 133m; LianeM-Fotolia.com: 137r; Christian Pedant-Fotolia.com: 98; Reinhard: 134l; Spiegel: 134m

Bibliographische Information
Der Deutschen Nationalbibliothek

Die Deutsche Bibliothek verzeichnet diese Publikation in der Deutschen Nationalbibliografie; detaillierte bibliografische Daten sind im Internet über http://dnb.d-nb.de abrufbar.

BLV Buchverlag GmbH & Co. KG
80797 München

© 2010 BLV Buchverlag GmbH & Co. KG
München

Umschlagfotos:
Anneliese Kompatscher

Lektorat: Daniela Luginsland
Fachberatung Bild: Brigitte Gugger
Herstellung: Hermann Maxant
Layoutkonzept: KrohbergerSchemel Editorial Design, Sabine Krohberger
Layout: Anton Walter, Gundelfingen
DTP: agentur walter, Gundelfingen

Gedruckt auf chlorfrei gebleichtem Papier

Printed in Germany
ISBN 978-3-8354-0682-7

Von Claudia Költringer bereits erschienen:

Claudia Költringer
Altes Kräuterwissen wieder entdeckt
Überlieferte Erfahrungen und bewährtes Praxiswissen rund um den Kräutergarten ·
Die 50 wichtigsten Kräuter im Porträt · Wetterzeichen, Brauchtum, Gärtnern mit dem
Mond, Haushalts- und Gartentipps · Über 150 Rezepte für Küche, Gesundheit, Schönheit
und für Kräuterhausmittel gegen Beschwerden von A bis Z.
ISBN 978-3-8354-0628-5

Bücher fürs Leben.